미국 초등학교 교과서로 배우는

English Running Jump 2 [intermediate]

저 자 D.E.A.R.연구소(Developing English Ability and Research)
발행인 고본화
발 행 반석출판사
2014년 2월 10일 초판 2쇄 인쇄
2014년 2월 15일 초판 2쇄 발행
반석출판사 | **www.bansok.co.kr**
이메일 | **bansok@bansok.co.kr**

157-779 서울시 강서구 양천로 583빈지 B동 904호
(서울시 강서구 염창동 240-21 우림블루나인 비즈니스센터 B동 904호)
대표전화 02) 2093-3399 팩 스 02) 2093-3393
출 판 부 02) 2093-3395 영업부 02) 2093-3396
등록번호 제 315-2008-000033호

Copyright © D.E.A.R.연구소(Developing English Ability and Research)

ISBN 978-89-7172-542-9 (13740)

미국 초등학교 교과서로 배우는
English
Running
Inter-
mediate
JUMP 2

PREFACE

2009년 4월
D.E.A.R. 연구소 소장 서희정

안녕하세요. D.E.A.R.(Developing English Ability & Research) 연구소장 서희정입니다.

영어를 잘 한다는 것은 영어의 듣기, 읽기, 말하기 그리고 쓰기의 4가지 언어 영역을 골고루 그리고 균형적으로 다 잘하는 것을 뜻합니다. '영어로 말을 잘 했으면...' 하는 바램이 있다면 말하는 활동과 더불어 읽기와 듣기분야에 더 많은 시간을 할애해야 합니다.

다양한 상황에서의 듣기와 다양한 주제의 읽기 활동은 영어를 언어로서 이해하는 힘을 길러줌과 동시에 나아가 영어로 말하고 쓰는 능력까지 키워줍니다. 그러나 그저 읽기를 위한 읽기 활동은 재미도 없고 그 어떤 의미도 제공하지 않기 때문에 선별된 읽기 학습이 반드시 필요합니다.

또한 글이라고 해서 무조건 다 좋은 글은 아닙니다. 어떤 글은 재미는 있으나 영어 능력 배양에 도움이 되지 않는 경우도 있고 또 다른 경우는 지식에는 도움이 되나 너무 어렵고 생소하게 느껴져 아이들 스스로 영어 학습에 대한 동기를 부여 받지 못하는 경우도 있습니다. 따라서 좋은 글이라 하면 아이들의 다양한 호기심과 능력에 따라 영어의 표준이 되는 글감들로 구성되고 다양한 영역에 걸쳐 읽기 활동을 제공하는 글을 일컫습니다.

이 책은 미국 초등학교 교과서의 내용들을 토대로 사회, 과학, 역사의 교과 과정으로 구성되어 있습니다. 물론 이 책으로 공부하는 우리나라 초등 학생들의 언어 학습 환경을 고려하여 듣기와 읽기를 통해 언어 이해 능력을 키우며 또한 말하기와 쓰기를 통해 언어를 제대로 표현할 수 있게 구성되어 있습니다. 한 가지 영역만 잘하는 절름발이 영어가 아니라 영어의 듣고 읽고 말하고 쓰는 4가지 영역이 균형있게 발달할 수 있도록 저희 연구진의 노력을 담아 내었습니다.

더 이상 지식을 위한 영어가 아니라 재미있고 효과적인 영어공부를 통해 대한민국의 모든 초등학생들의 영어 실력이 한층 발전할 수 있기를 기원합니다.

CONTENTS

이 책의 특징 및 활용법

1. 미국 아이들과 같은 교재로 배운다

현재 미국 초등학교에서 쓰고 있는 교과서 내용들을 토대로
History, Social Studies, Science 교과 과정으로 구성하였습니다.

2. Reading, Listening, Speaking, Writing 균형 학습

Reading, Listening을 통해 언어 이해 능력을 키우며, 이를 적절하게
표현할 수 있게 도와주는 Speaking, Writing 활동까지 다룹니다. 영어의 4가지 영역을 균형있게 학습할
수 있습니다.

3. 다양한 읽기 주제 지문 수록

영어 동화에서 벗어나 아이들의 호기심을 만족시킬 만한 다양한 영역의 읽을거리를 제공하여 배경지식 습득
에도 도움이 됩니다.

4. 체계적 수준별 학습

초 · 중 · 고급 세 권을 단계적으로 구성하여 본 시리즈만으로 초등학교 저학년부터 예비중학 과정까지 학습
할 수 있습니다. 고급으로 갈수록 지문의 수준과 길이도 늘어나고 Writing과 Speaking에서도 새로운 형식
의 문제를 제공합니다.

Vocabulary

Reading에 나오는 중요하고
어려운 단어들을 미리 공부해
봅니다. 단어의 뜻을 모르더라
도 문장에서 추측해서 밑줄 위
에 적습니다.

Listening

녹음 파일을 들으면서 주제에
관해 생각해 보세요.

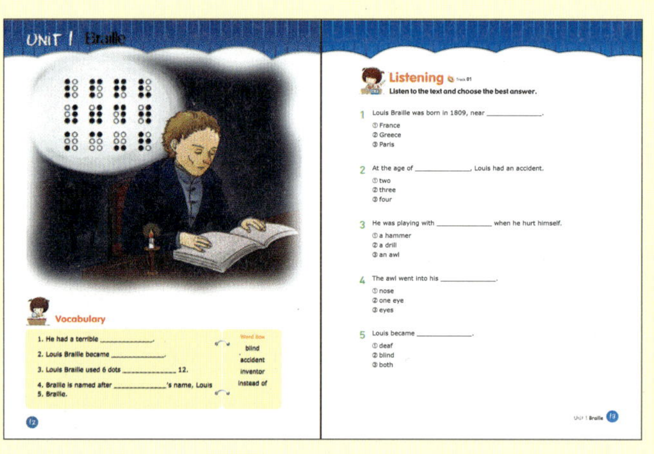

Reading

역사, 사회, 과학 등 다양한 주
제를 영어로 습득할 수 있습니
다. Reading의 녹음 파일을
귀로 들으면서 읽으면 더욱 빨
리 이해할 수 있을 거예요.

왼쪽 페이지에서 읽은 지문에
대한 이해도를 체크해 볼 수
있는 공간으로 문제에 관련된
세부사항은 지문을 다시 한 번
읽으면서 체크해 봅니다.

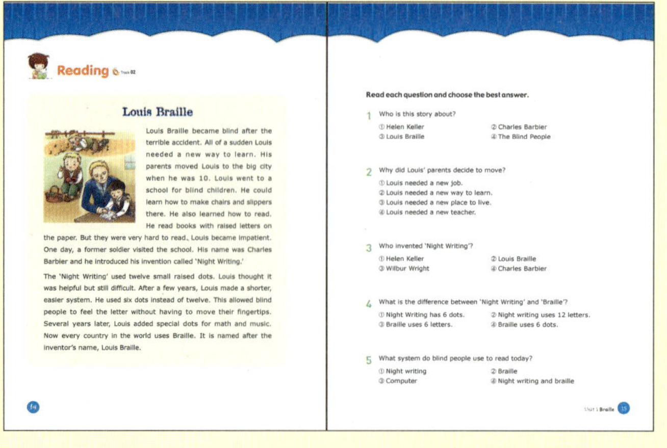

Grammar

Reading 문장에 나온 주요 문법을 박스 안에 설명을 보며 이해하고 문제를 통해 확실하게 익힐 수 있는 기회를 갖습니다.

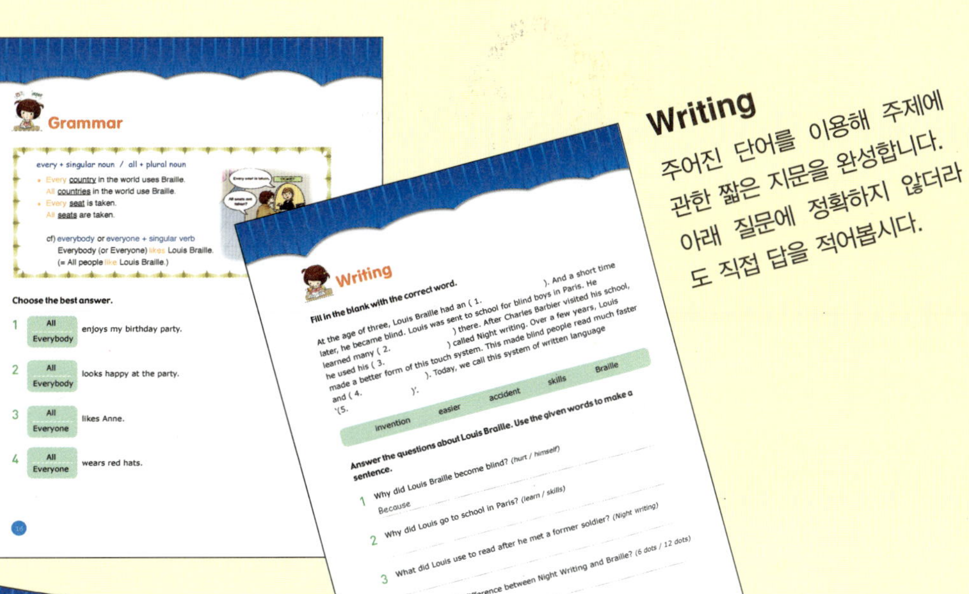

Writing

주어진 단어를 이용해 주제에 관한 짧은 지문을 완성합니다. 아래 질문에 정확하지 않더라도 직접 답을 적어봅시다.

Speaking

본문에서 배운 지문(리스닝, 리딩)에 관해 친구들과 이야기 해 봅니다. 녹음파일을 듣고 대화를 완성한 후 친구들과 역할을 바꿔가며 연습해 봅니다.

Review

각 Unit을 얼마나 잘 이해했는지를 테스트하는 시간입니다. True / False 문제를 풀어보면서 본문에서 배웠던 내용을 떠올려 봅니다.

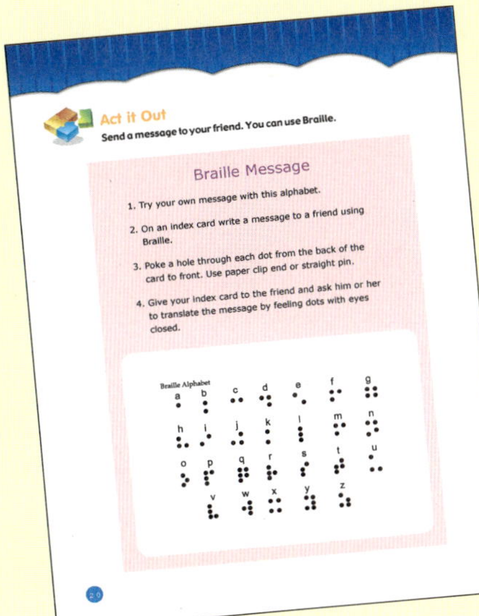

Act it Out

다양한 학습 활동들을 직접 써보거나 만들어 보며 주제를 쉽고 재미있게 기억할 수 있습니다.

Take a Break

쉬어가는 코너로 각 Unit을 공부하면서 생길 수 있는 궁금증들을 풀어주는 코너입니다. 다른 궁금증이 있으면 직접 인터넷이나 사전을 이용해 검색해보세요.

SYLLABUS

Unit	Vocabulary	Listening	Reading
1. Braille	blind, accident, inventor, instead of	Listen to the text. (The Accident)	Louis Braille
2. Helen Keller	overcome, deaf and blind, fever, smell, and taste, communicate, frustrated	Listen to the text. (Helen Met Anne)	Helen Keller and Her Teacher
3. Olympic Games	ancient, participate, motto, held, represent, athlete	Listen to the text. (The Ancient Olympic Games)	Modern Olympic Games
4. Doctors	heartbeat, otoscope, healthy, patients, thermometer	Listen to the text. (Community Workers)	Doctors
5. Good to Eat	junk food, fatty, healthy, overweight	Listen to the text. (Food and children)	Good to Eat
6. India	celebrate, festival, population, capital, windowsill	Listen to the text. (India)	Vacation Postcard from India
7. The Life Cycle of a Pine Tree	sprout, branches, scales, needles, instead of	Listen to the text. (Pine trees)	The Life Cycle of a Pine Tree
8. The Three Rs	means, resources, trash, Reuse	Listen to the text. (Natural resources)	The Three Rs
9. Gravity	weight, gravity, push, pull	Listen to the text. (What is a force?)	What is Gravity?

Grammar	Writing	Speaking	Act it out
every + singular noun / all + plural noun Every county in the world uses Braille.	Writing cloze Answer the questions about Louis Braille.	Talk about Braille.	Braille Message
when When Helen was 7 years old, a young woman came to Helen's house.	Writing cloze Answer the questions about Helen Keller.	Talk about Helen's childhood.	Make a book.
biggest The Olympic Games are one of the biggest sports events.	Writing cloze Answer the question about Olympic Games.	Make questions.	Make an Olympic Flag.
give + a person + a thing Doctors give us medicine.	Writing cloze Answer the questions about the doctors.	Complete the conversation.	Role Plays
be worried about Doctor are also worried about serious health problem of the children.	Writing cloze Answer the questions about the food.	Talk about the foods.	Interactive Food Quiz
because vs because of This is because they think Laksmi, the Hindu goddess, likes flowers.	Writing cloze Answer the questions about India and Diwali.	Talk about the activities people in India do during Diwali.	Color a Rangoli Pattern.
Passive form The seeds are moved to new places by wind and animals.	Writing cloze Answer the questions about the pine tree.	Talk about the pine trees.	Make a life cycle of a pine tree chart.
instead of + noun / instead of + verb-ing You can use two hands to carry home cucumbers instead of plastic bags.	Writing cloze Answer the questions about the three Rs.	Talk about the three Rs.	Make a Bird Feeder.
If ... + then... If you throw a ball high up in the air, then the ball must fall to the ground.	Writing cloze Answer the questions about the force and gravity.	Talk about some ways you feel the pushes or pulls.	Explore Activity

단계별 교재구성

교재	초급	중급	고급
	English Running JUMP 1 (Basic)	English Running JUMP 2 (Inter-media·te)	English Running JUMP 3 (Advanced)
단 계	Basic	Intermediate	Advanced
대 상	초등 1–2학년	초등 3–4학년	초등5학년–예비중학생

내용	Listening	• Listen one sentence. • Write missing words.	• Listen one paragraph. • Write missing words.	• Listen to the dialogue. • Multiple-choice questions
	Reading	Passages of about 100 words	Passages of about 200 words	Passages of about 300 words
	Writing	• Unscramble the sentence.	• Writing cloze • Answer the question.	• Short Essay
	Speaking	• Talk about the questions.	• Talk about the questions. • Make questions • Complete the conversation	• Complete the word web. • Complete the brainstorming web. • Short essay
부속 교재	각 권 CD, 해설		

*mp3 파일은 출판사 홈페이지(www.bansok.co.kr)의 자료실에서 다운 받으실 수 있습니다.

학습 계획표

	Day 1	Day 2	Day 3	DAY 4	DAY 5
Week 1 / Unit 1	Vocabulary Listening	Listening(다시듣기) Reading	Grammar Writing	Speaking Review	Act it Out 복습
Check	✓				
Week 2 / Unit 2	Vocabulary Listening	Listening(다시듣기) Reading	Grammar Writing	Speaking Review	Act it Out 복습
Check					
Week 3 / Unit 3	Vocabulary Listening	Listening(다시듣기) Reading	Grammar Writing	Speaking Review	Act it Out 복습
Check					
Week 4 / Unit 4	Vocabulary Listening	Listening(다시듣기) Reading	Grammar Writing	Speaking Review	Act it Out 복습
Check					
Week 5 / Unit 5	Vocabulary Listening	Listening(다시듣기) Reading	Grammar Writing	Speaking Review	Act it Out 복습
Check					
Week 6 / Unit 6	Vocabulary Listening	Listening (다시듣기) Reading	Grammar Writing	Speaking Review	Act it Out 복습
Check					
Week 7 / Unit 7	Vocabulary Listening	Listening(다시듣기) Reading	Grammar Writing	Speaking Review	Act it Out 복습
Check					
Week 8 / Unit 8	Vocabulary Listening	Listening(다시듣기) Reading	Grammar Writing	Speaking Review	Act it Out 복습
Check					
Week 9 / Unit 9	Vocabulary Listening	Listening(다시듣기) Reading	Grammar Writing	Speaking Review	Act it Out 복습
Check					

Vocabulary

1. He had a terrible ________________.

2. Louis Braille became ________________.

3. Louis Braille used 6 dots ________________ 12.

4. Braille is named after ________________'s name, Louis Braille

Word Box

blind

accident

inventor

instead of

 Listening 🔘 Track **01**

Listen to the text and choose the best answer.

1 Louis Braille was born in 1809, near ________________.

① France
② Greece
③ Paris

2 At the age of ________________, Louis had an accident.

① two
② three
③ four

3 He was playing with ________________ when he hurt himself.

① a hammer
② a drill
③ an awl

4 The awl went into his ________________.

① nose
② one eye
③ eyes

5 Louis became ________________.

① deaf
② blind
③ both

Reading 🔊 Track 02

Louis Braille

Louis Braille became blind after the terrible accident. All of a sudden Louis needed a new way to learn. His parents moved Louis to the big city when he was 10. Louis went to a school for blind children. He could learn how to make chairs and slippers there. He also learned how to read. He read books with raised letters on the paper. But they were very hard to read. Louis became impatient. One day, a former soldier visited the school. His name was Charles Barbier and he introduced his invention called 'Night Writing.'

The 'Night Writing' used twelve small raised dots. Louis thought it was helpful but still difficult. After a few years, Louis made a shorter, easier system. He used six dots instead of twelve. This allowed blind people to feel the letter without having to move their fingertips. Several years later, Louis added special dots for math and music. Now every country in the world uses Braille. It is named after the inventor's name, Louis Braille.

Read each question and choose the best answer.

1 Who is this story about?

① Helen Keller　　　　　② Charles Barbier
③ Louis Braille　　　　　④ The Blind People

2 Why did Louis' parents decide to move?

① Louis needed a new job.
② Louis needed a new way to learn.
③ Louis needed a new place to live.
④ Louis needed a new teacher.

3 Who invented 'Night Writing'?

① Helen Keller　　　　　② Louis Braille
③ Wilbur Wright　　　　④ Charles Barbier

4 What is the difference between 'Night Writing' and 'Braille'?

① Night Writing has 6 dots.　　　② Night writing uses 12 letters.
③ Braille uses 6 letters.　　　　④ Braille uses 6 dots.

5 What system do blind people use to read today?

① Night writing　　　　② Braille
③ Computer　　　　　　④ Night writing and braille

Grammar

every + singular noun / all + plural noun

- Every <u>country</u> in the world uses Braille.
  All <u>countries</u> in the world use Braille.
- Every <u>seat</u> is taken.
  All <u>seats</u> are taken.

cf) everybody or everyone + singular verb
   Everybody (or Everyone) likes Louis Braille.
   (= All people like Louis Braille.)

Choose the best answer.

1 All / Everybody _______ enjoys my birthday party.

2 All / Everybody _______ looks happy at the party.

3 All / Everyone _______ likes Anne.

4 All / Everyone _______ wears red hats.

Fill in the blank with the correct word.

At the age of three, Louis Braille had an (1.   ). And a short time later, he became blind. Louis was sent to school for blind boys in Paris. He learned many (2.   ) there. After Charles Barbier visited his school, he used his (3.   ) called Night writing. Over a few years, Louis made a better form of this touch system. This made blind people read much faster and (4.   ). Today, we call this system of written language '(5.   )'.

| invention | easier | accident | skills | Braille |

Answer the questions about Louis Braille. Use the given words to make a sentence.

1 Why did Louis Braille become blind? *(hurt / himself)*

Because

2 Why did Louis go to school in Paris? *(learn / skills)*

3 What did Louis use to read after he met a former soldier? *(Night Writing)*

4 What is the big difference between Night Writing and Braille? *(6 dots / 12 dots)*

Speaking Track 03

Talk about Louis Braille.

1 Why did Louis become blind?

....

2 What did Louis learn from the school in the big city?

....

3 Who invented 'Night Writing?'

....

4 What is the difference between 'Night Writing and Braille?'

....

Draw a circle around YES if the sentence is written correctly.
Draw a circle around No if the sentence is not written correctly.

1   Louis Braille was born blind.   YES   NO

2   Louis Braille invented Night Writing system.   YES   NO

3   Louis made his new form of written language after he met Charles Barbier.   YES   NO

4   Louis used six dots for his invention.   YES   NO

5   Today every blind person in the world uses Night Writing.   YES   NO

 ## Act it Out

Send a message to your friend. You can use Braille.

Braille Message

1. Try your own message with this alphabet.

2. On an index card write a message to a friend using Braille.

3. Poke a hole through each dot from the back of the card to front. Use paper clip end or straight pin.

4. Give your index card to the friend and ask him or her to translate the message by feeling dots with eyes closed.

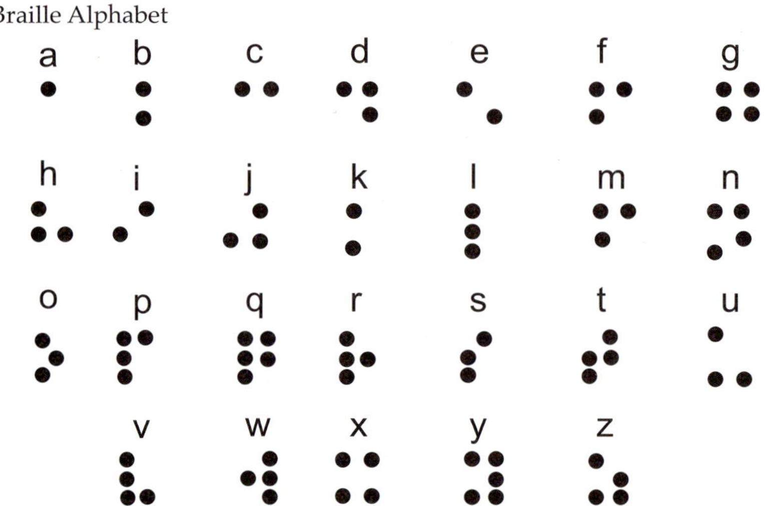

한글 점자의 발전

우리나라 최초의 점자체계는 '조선훈맹점자' 다. 이는 1894년 평양에서 시각장애인 교육을 시작한 미국인 선교사 로제타 홀(Rossetta Sherwood Hall)이 뉴욕식 점자를 바탕으로 해서 만든 것이다. '조선훈맹점자' 는 세로 2줄, 가로 2줄씩 4개의 점으로 만들어졌기 때문에 세계 적으로 공인된 브라이유의 6점식 점자체계와는 맞지 않았다.이러한 이유로 조선훈맹점저는 개정의 필요성이 인식되었고 이에 따라 제생원 맹아부(지금의 서울맹학교)의 초대 교사인 송 암 박두성은 제생원 학생과 일반 시각장애인들과 함께 브라이식 한글점자 연구를 시작하였 다. 연구 끝에 드디어 송암과 그의 제자들은 1921년 6점식 한글점자를 내놓게 되었다. 그 이 후 수차례의 수정과 보완을 거쳐 1926년 11월 4일 마침내 '훈맹정음' 이란 이름으로 한국어 점자를 발표하게 되었고, 시각장애인들은 이 날을 '점자의 날' 로 지정하여 기념하고 있다.

UNIT 2 Helen Keller

Vocabulary

1. Helen got a high ________________.

2. She became ______________.

3. She felt ______________.

4. Ann taught how to ______________ with the world.

5. Helen could use senses of touch, ______________.

6. She can ______________ her disabilities.

Word Box

overcome

deaf and blind

fever

smell, and taste

communicate

frustrated

Listening Track 04

Listen to the text and choose the best answer.

1 Helen Keller could see and hear when she was _______________.

① born
② five years old
③ pre-schoolers

2 What made Helen become deaf and blind?

① car accident
② illness
③ genetic factor

3 Why Helen was angry?

① She couldn't see.
② She couldn't hear
③ She couldn't talk
④ She couldn't see, hear, or talk

4 What did her parents do for Helen?

① They went to the hospital.
② They bought pets.
③ They found a teacher.
④ They read stories to her.

5 What was the name of the teacher?

① Helen Keller
② Graham Bell
③ Anne Sullivan

Reading

Helen Keller and Her Teacher

Helen Keller was born on June 27, 1880, in Tuscumbia, Alabama. Helen was a happy, healthy little girl. When she was 19 months old, she got a very high fever. After her illness she became deaf and blind. Helen could not see, hear, or talk. She felt angry and became frustrated. Her family needed to do something for Helen.

When Helen was 7 years old, a young woman came to Helen's house. Her name was Anne Sullivan. Anne was Helen's teacher. Anne tried to teach Helen. She knew that Helen could use other senses like touching, smelling, and tasting. She taught Helen to use these senses to communicate and learn about the world. Helen learned to read. She used her sense of touch to read Braille. She also learned to understand what people say. She placed her fingers on their lips. Helen spent most of her life with her teacher. Anne helped Helen overcome her disabilities and became famous.

Read each question and choose the best answer.

1 Who is this story about?

① George Washington   ② Sally Ride
③ Helen Keller   ④ Helen's parents

2 When was Helen Keller born?

① July, 1880   ② June, 1880
③ June, 1680   ④ August, 1880

3 When did Helen meet Anne Sullivan?

① When Helen was 7   ② When Helen was 3
③ When Helen was 10   ④ When Helen was 11

4 What did Anne teach to Helen?

① She taught how to use computer.
② She taught how to draw pictures.
③ She taught how to communicate with the world.
④ She taught how to cook.

5 What senses did Helen use to read Braille?

① She used sense of smell.   ② She used sense of sight.
③ She used sense of hearing.   ④ She used sense of touch.

# Grammar

> Helen was 7 years old.
> A young woman came to Helen's house.
> → When Helen was 7 years old, a young woman came to Helen's house.

Make a sentence.

1 was / a baby. / when / She / pretty / was / she

....

2 went / when / Helen / college / to / was / 19. / she

....

3 studied. / when / My / slept / mother / I

....

4 My mother cooked, ...

5 When I ate pizza, ...

# Writing

Fill in the blank with the correct words.

When Helen was about two years old, she became (1.   ). After her
illness she could not (2.   ). Helen met Anne Sullivan (3.   )
she was about 7. Anne taught Helen to use (4.   ) to learn the world
around her. In spite of her disabilities Helen tried to learn to (5.   )
with her other senses.

when	see, hear, or talk	communicate	senses	ill

Answer the questions about Helen Keller.

1   When was Helen sick?

2   Who was Anne Sullivan?

3   What kind of senses did Helen use?

Speaking 🔘 Track **06**

Talk about Helen's childhood.

19 months old	7 years old	19 years old
become deaf and blind	meet Anne Sullivan	go to college

1   What made Helen become deaf and blind?

....

2   What did Helen's parents do for her?

....

3   When did Helen meet her teacher?

....

4   Who was Helen's teacher?

....

Draw a circle around YES if the sentence is written correctly.
Draw a circle around No if the sentence is not written correctly.

1 Helen could not see and hear when she was born.   YES   NO

2 Anne Sullivan was the doctor.   YES   NO

3 Helen met Anne when she was 7.   YES   NO

4 Helen learned to use the sense of sight when she read.   YES   NO

5 Helen became famous because she overcame her disabilities.   YES   NO

Act it Out

Let's make a book.

1. Fold a sheet of paper in half horizontally.

2. Fold it in half again in the same direction.

3. Fold this long narrow strip in half in the opposite direction.

4. Open the paper up to the Step2 position. Cut halfway down the vertical fold.

5. Open the paper up and turn it horizontally. There will be a shit in the center of the paper where you've made the cut.

6. Fold the paper in half lengthwise.

7. Push in the ends of the paper until the center of panels meet.

8. Fold the four pages into a book and create the edge.

Anne Sullivan

아이리쉬계 이민자였던 부모 사이에서 태어난 앤은 7살이 되던 해 엄마가 죽고 알코올 중독자였던 아버지의 버림으로 보스턴의 한 보호소에서 지내야만 했다. 이 때 함께 보호소에 온 남동생마저 죽자 앤은 커다란 충격으로 실명하고 정신까지 온전하지 못하게 되었다. 수차례의 자살 시도와 이상한 행동으로 결국 정신병동 독방에 수감되는 신세가 되고 말았다.

치료 불능이라는 판정을 받은 앤을 보살펴준 건 나이 많은 로라라는 이름의 간호사였다. 로라의 치료는 그저 앤의 말 친구가 되어주는 것이었다. 매일 앤을 방문해 책도 읽어주고 과자도 주었지만 앤의 마음을 열기란 그리 쉽지 않았다. 그러던 어느 날 로라의 한결같은 사랑과 관심에 앤이 반응하기 시작했다. 로라가 가져다 준 과자도 먹고 가끔씩 로라와 이야기도 주고받았다.

마침내 2년여의 노력으로 앤은 정상 판정을 받아 시각장애 학교에 입학하게 되었다. 또 열심히 교회에 나가 신앙심을 키우기 시작했다. 그 후 사랑하는 로라의 죽음을 겪기도 했지만 시련을 이겨내고 우등생으로 학교를 졸업했다. 이러한 앤의 사정을 알게 된 어느 신문사의 도움으로 개안 수술도 받았다.

성공적인 수술 후 앤은 어느 날 신문기사에서 보지도 못하고, 듣지도 못하고, 말하지도 못하는 아이를 돌볼 사람을 구한다는 글을 읽고 자신이 받은 사랑을 돌려주기로 결심하게 된다. 주위의 만류에도 불구하고 앤은 일을 맡았고 결국 그녀의 사랑으로 그 아이를 20세기 최고의 기적의 주인공으로 만들었다. 바로 그 아이가 헬렌 켈러다.

로라가 앤에게 했듯이 앤도 헬렌의 곁에서 한결같은 사랑과 믿음으로 48년 동안을 함께 했다.

앤이 헬렌에게 한 말 중 이러한 말이 있다. "시작하고 실패하는 일을 계속해라. 실패할 때 마다 무엇인가를 얻을 것이다." 앤은 자신의 역경을 이겨내고 다른 사람을 위해 헌신적인 사랑을 보여준 역사상 가장 위대한 인물 중의 한 사람이라고 할 수 있다.

UNIT 3 Olympic Games

Vocabulary

1. The Olympic games started in _______________ Greece.

2. The Olympic games _______________ every 4 years.

3. _______________ from all over the world take part.

4. Women were first allowed to _______________ in 1900.

5. The Olympic _______________ is 'Swifter, Higher, Stronger.'

6. The colors in the Olympic flag _______________ every nation of the world.

Word Box

ancient

participate

motto

held

represent

athletes

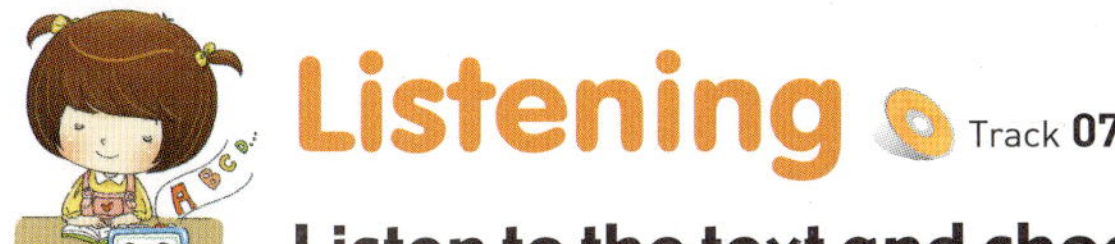

Listening Track **07**

Listen to the text and choose the best answer.

1 The Olympic Games started in ancient _______________.

① Rome
② Greece
③ France

2 The Games were held every _______________.

① 3 years
② 5 years
③ 4 years

3 The games lasted for _______________.

① 100 years
② 500 years
③ 1000 years

4 _______________ were allowed to participate in the games.

① Only women
② Only men
③ Both

5 The Olympic Games stopped because _______________ invaded Greece.

① Germany
② Roman Empire
③ France

Reading 🔵 Track **08**

Modern Olympic Games

The Olympic Games are one of the biggest sports events in the world. The modern Olympic Games were started by a Frenchman named Pierre de Coubertin in 1896. Since then, the games are held every 4 years. Athletes from all over the world take part. Women were first allowed to participate in 1900 at the second modern Olympic Games. A number of athletes and people come from different countries. They gather together at the same time in the same place to celebrate. The Olympic motto is Citius, Altius, Fortius. That means 'Swifter, Higher, Stronger.' The motto works well with the Olympic symbol. There are five colored rings and they are black, blue, yellow, green, and red. The colors in the Olympic symbol represent every nation of the world.

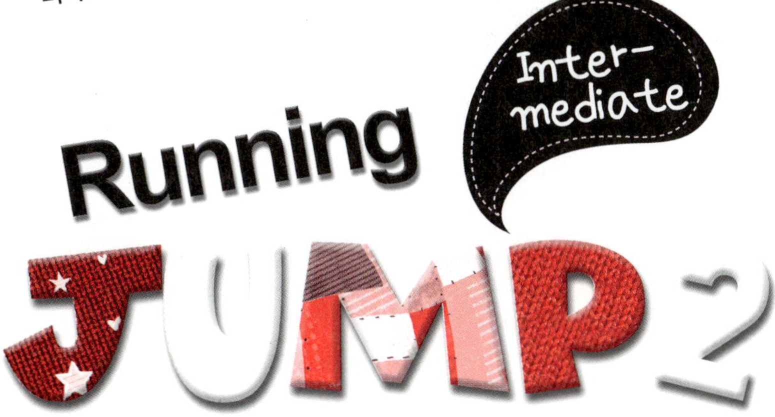

미국 초등학교 교과서로 배우는

Running
Inter-
mediate
JUMP 2
Answer / Script / Explanation

Bansok

Vocabulary

1. **accident**
   그는 끔찍한 사고를 당했습니다.

2. **blind**
   루이 브라이는 시각장애인이 되었습니다.

3. **instead of**
   루이 브라이는 12개의 점대신 6개의 점을 사용했습니다.

4. **inventor**
   브라이는 점자를 발명한 루이 브라이의 이름에서 따온 것입니다.

Listening

Louis Braille was born in 1809, near Paris. His father was a harness maker. When he was three, Louis hurt himself. He was playing with his father's sharp awl. Unfortunately it slid and hurt one of his eyes. He became sick and soon the sickness spread to his other eye. Louis became blind after all.

루이 브라이는 1809년 파리 근처에서 태어났습니다. 그의 아버지는 마구상이었습니다. 브라이는 3살이 되었을 때 눈을 다쳤습니다. 그는 자기 아버지 작업실에서 날카로운 송곳을 가지고 노는 중이었습니다. 불행히도 송곳이 미끄러져 그만 한쪽 눈을 찔렀습니다. 그는 앓았고 그 상처는 점점 번져 다른 눈까지 전이되었습니다. 마침내 루이 브라이는 시각장애인이 되었습니다.

문장을 듣고 맞는 답을 고르세요.

1. ③ Paris
   루이 브라이는 1809년 파리 근처에서 태어났습니다.

2. ② three
   루이가 3살이었을 때 사고를 당했습니다.

3. ③ an awl
   다쳤을 때 그는 송곳을 가지고 놀고 있었습니다.

4. ② one eye
   송곳이 그의 눈을 찔렀습니다.

5. ② blind
   루이는 시력을 잃었습니다.

Reading

루이 브라이

끔찍한 사고를 당한 후 루이 브라이는 시각장애인이 되었습니다. 갑자기 루이에겐 새로운 학습법이 필요해졌습니다. 그의 부모는 루이가 10살 되었을 때 큰 도시로 이사를 했습니다. 루이는 그곳에서 시각장애 아이들을 위한 학교에 다녔습니다. 루이는 그곳에서 의자나 신발 만드는 것을 배웠습니다. 또 글 읽는 법도 배웠습니다. 종이에 솟아난 글씨를 이용해 글을 읽었습니다. 그러나 그것들은 읽기가 매우 어려웠고 루이는 참을성을 잃어갔습니다. 그러던 어느 날 군인이었던 사람이 학교를 방문했습니다. 그의 이름은 샤를 바르비에였고 그가 발명한 '야간 문자'를 소개했습니다. 야간 문자는 12개의 문자 대신 12개의 볼록한 점을 사용했습니다. 루이는 이 야간 문자가 많은 도움이 되는 하나 여전히 어려운 점이 있다고 생각했습니다. 몇 년 후에 루이는 짧고 더 쉬운 시스템을 고안해 냈습니다. 루이는 12개의 점 대신 6개의 점을 사용했습니다. 이건 시각 장애인들이 손가락 끝을 움직이지 않고도 글자를 알 수 있게 해 주었습니다. 몇 년이 지난 후 루이는 수학과 음악을 위한 점들을 추가했습니다. 현재 전 세계의 나라에서 점자를 사용합니다. 브라이는 점자를 발명한 루이 브라이의 이름에서 따온 것입니다.

문제를 읽고 맞는 답을 고르세요.

1. ③ Louis Braille
   누구에 관한 이야기입니까?
   루이 브라이

2. ② Louis needed a new way to learn
   왜 루이의 부모님이 이사를 결정했습니까?
   루이는 새로운 학습법이 필요했습니다.

3. ④ Charles Barbier
   누가 야간 문자를 발명습니까?
   샤를 바르비에

4. ④ Braille uses 6 dots.
   야간 문자와 브라이의 차이는 무엇입니까?
   브라이는 6개의 점을 이용합니다.

5. ② Braille
   요즘 시각장애인들이 읽는데 사용하는 시스템은 무엇입니까?
   브라이 점자

Grammar

every + singular noun (every+단수 명사)
all + plural noun (all+복수 명사)

- Every country in the world uses Braille.
  All countries in the world use Braille.
  모든 나라에서 브라이를 사용합니다.

- Every seat is taken.
  All seats are taken.
  모든 좌석이 찼습니다.

cf) everybody or everyone + singular verb
everybody나 everyone 뒤에는 단수형의 동사가 온다.
Everybody (or Everyone) likes Louis Braille.
모두가 루이 브라이를 좋아했다.
(= All people like Louis Braille.)

맞는 답을 고르세요.

1. Everybody
   모두가 내 생일 파티를 즐겼습니다.

2. Everybody
   모두가 행복해 보였습니다.

3. Everyone
   모두가 앤을 좋아합니다.

4. Everyone
   모두가 빨간 모자를 썼습니다.

Writing

빈칸에 올바른 단어를 채우세요.

1. accident
2. skills
3. invention
4. easier
5. Braille

세 살이었을 때 루이 브라이는 사고를 당했습니다. 얼마 지나지 않아 그는 시각 장애인이 되었습니다. 루이는 시각장애 아이들을 위한 파리에 있는 학교로 보내졌습니다. 그곳에서 많은 기술을 배웠습니다. 샤를 바르비에가 다녀간 후 루이는 그의 발명품인 야간 문자를 사용했습니다. 몇 년 후에 루이는 더 나은 시스템을 만들었습니다. 그것은 시각장애인들이 더 빨리 그리고 더 쉽게 글을 읽을 수 있게 해 주었습니다. 오늘날 우리는 이것을 브라이 점자라고 부릅니다.

루이 브라이에 대한 질문에 답하세요. 주어진 단어를 이용해 문장을 만드세요.

1. Because he hurt his eye himself.
   왜 루이 브라이는 시각장애인이 되었습니까?
   왜냐하면 그는 눈을 다쳤습니다.

2. He went to school to learn many skills.
   왜 루이는 파리에 있는 학교에 갔습니까?
   기술을 배우고자 학교에 갔습니다.

3. He used Night writing.
   전직 군인을 만난 후에 루이는 읽기 위해 무엇을 사용했습니까?
   야간 문자를 사용했습니다.

4. Braills uses 6 dots instead of 12 dots.
   야간 문자와 브레일 점자의 큰 차이점은 무엇인가요?
   브라이는 12개 점 대신 6개를 사용했습니다.

Speaking

루이 브라이에 대해 이야기해 보세요.

1. Because he had a terrible accident when he was three. (or He hurt his eye himself.)
   왜 루이는 시각 장애인이 되었습니까?
   그가 세 살 이었을 때 끔찍한 사고를 당했기 때문입니다.

2. He learned making chairs and reading.
   큰 도시에 있는 학교에서 루이는 무엇을 배웠습니까?
   의자 만드는 법과 또 읽는 법을 배웠습니다.

3. Charles Barbier invented it.
   누가 야간 문자를 발명했습니까?
   샤를 바르비에라는 사람이 발명했습니다.

4. Braille uses 6 dots while Night Writing uses 12 dots.
   야간 문자와 브레일의 차이는 무엇입니까?
   브라이는 6개의 점을 사용하고 야간 문자는 12개의 점을 사용합니다.

Review

주어진 문장이 맞으면 YES에 동그라미하세요.
주어진 문장이 옳지 않으면 NO에 동그라미하세요.

1. NO
   루이 브라이는 시각장애인으로 태어났습니다.

2. NO
   루이 브라이가 야간 문자를 발명했습니다.

3. YES
   루이는 샤를 바르에르를 만난 후 그의 새로운 점자를 만들었습니다.

4. YES
   루이는 그의 점자에 6개의 점을 사용했습니다.

5. NO
   요새 모든 시각 장애인들은 야간 문자를 씁니다.

Act it Out

점자를 이용해 친구에게 메시지 보내세요.
1. 이 알파벳 시스템을 이용해서 메시지를 보내세요.
2. 아래 브라이 점자를 사용해서 메시지를 쓰세요.
3. 핀을 이용해서 카드 뒤 편에서 앞면 쪽으로 구멍을 뚫으세요.
4. 다 썼으면 카드를 친구에게 주고 눈을 감고 손으로 만져 어떤 메시지인지 알아 맞추기 합니다.

Vocabulary

1. fever

헬렌은 고열에 시달렸습니다.

2. deaf and blind

그녀는 시각장애인과 청각장애인이 되었습니다.

3. frustrated

그녀는 어쩔 줄 몰라했습니다.

4. communicate

앤은 세상과 소통하는 방법을 가르쳤습니다.

5. smell, and taste

헬렌은 만지고, 냄새 맡고 맛보는 기관들을 사용할 수 있습니다.

6. overcome

그녀는 자신의 장애를 극복하였습니다.

Listening

Helen Keller could see and hear when she was born. After having a high fever, she became deaf and blind. Helen was very angry and became frustrated because she couldn't see, hear, or talk. Her parents had to do something to help their poor child. They found a teacher. Her name was Anne Sullivan. Helen's life has changed after she met Anne Sullivan, the great teacher.

헬렌 켈러는 태어났을 당시엔 보고 들을 수 있었습니다. 고열이 있은 후, 그녀는 눈과 귀가 멀었습니다. 보고, 듣고 말할 수 없었기 때문에 헬렌은 무척 화가 났고 또 어쩔 줄 몰라했습니다. 그녀의 부모는 불쌍한 헬렌을 위해 뭔가를 해야만 했습니다. 헬렌의 부모님은 선생님을 찾아 주었습니다. 그녀의 이름은 앤 설리번이었습니다. 위대한 선생님인 앤 설리번을 만난 후 헬렌의 삶은 변했습니다.

문장을 듣고 맞는 답을 고르세요.

1. ① born

헬렌 켈러는 태어났을 당시엔 보고 들을 수 있었습니다.

2. ② illness

무엇이 헬렌을 장님에 귀먹어리로 만들었습니까?

질병

3. ④ She couldn't see, hear, or talk.

왜 헬렌이 화가 났습니까?

보고 듣고 말할 수 없어서

4. ③ They found a teacher.

헬렌을 위해서 부모님이 어떤 일을 했습니까?

선생님을 찾아 주었습니다.

5. ③ Anne Sullivan

선생님의 이름은 무엇입니까?

앤 설리번

Reading

헬렌켈러와 그녀의 선생님

헬렌 켈러는 앨라배마 투스컴비아란 곳에서 1880년 6월 27일에 태어났습니다. 헬렌은 행복하고 건강한 아이였습니다. 19개월 되었을 때 헬렌은 고열에 시달렸습니다. 그 이후 헬렌은 눈과 귀가 멀었습니다. 헬렌은 볼 수도, 들을 수도, 또 말할 수도 없었습니다. 그녀는 너무 화가 나서 어쩔 줄을 몰랐습니다. 그녀의 가족은 이런 그녀를 위해 무언가가 필요했습니다. 헬렌이 7살이 되었을 때 한 젊은 여성이 헬렌의 집으로 왔습니다. 그녀의 이름은 앤 설리번이었습니다. 앤은 헬렌의 선생님이었습니다. 앤은 헬렌을 가르치기 위해서 노력했습니다. 앤은 헬렌이 다른 감각 예를 들면 만지고, 냄새 맡고 맛보는 기관들을 사용할 수 있다는 것을 알고 있었습니다. 앤은 이러한 감각들을 사용해 헬렌이 세상을 배워 나가는 데 사용하는 방법들을 가르쳤습니다. 읽는 법도 배웠습니다. 헬렌은 점자책을 읽는데 만지고 느끼는 감각능력을 사용했습니다. 또한 사람들의 입술에 손가락을 대서 사람들이 하는 말을 이해하는 법을 배웠습니다. 헬렌은 자신의 인생의 많은 시간을 앤과 함께 보냈습니다. 앤은 헬렌이 자신의 핸디캡을 극복할 수 있도록 도와주었고 그래서 유명해 지는 걸 가능하게 했습니다.

문제를 읽고 맞는 답을 고르세요.

1. ③ Helen Keller

누구에 관한 이야기입니까?

헬렌켈러

2. ② June, 1880

언제 태어났습니까?

1880년 6월

3. ① When Helen was 7

앤 설리번을 언제 만났습니까?

헬렌이 7살 때

4. ③ She taught how to communicate with the world.

앤은 헬렌에게 어떤 것들을 가르쳤습니까?

그녀는 세상과 의사소통하는 법을 가르쳤습니다.

5. ④ She used sense of touch.

점자를 읽기 위해 어떤 감각을 사용했습니까?

그녀는 촉각을 사용했습니다.

Grammar

TG When을 사용해 두 문장을 하나로 만들 수 있다.

헬렌은 7살입니다.
젊은 여성이 헬렌의 집에 왔다.
→ 헬렌이 7살이었을 때 젊은 여성이 헬렌의 집에 찾아왔다.

문장을 만드세요.

1. She was pretty when she was a baby.
   그녀는 아기였을 때 예뻤습니다.

2. Helen went to college when she was 19.
   헬렌은 19살에 대학교에 갔습니다.

3. My mother slept when I studied.
   내가 공부하는 동안 엄마는 주무셨습니다.

4. My mother cooked when I read.
   내가 책을 읽을 때 엄마는 요리를 했습니다.

5. When I ate pizza, my brother ate hamburgers.
   내가 피자를 먹을 때 내 동생은 햄버거를 먹었습니다.

Writing

빈칸에 올바른 단어를 채우세요.

1. ill

2. see, hear, or talk

3. when

4. senses

5. communicate

헬렌이 두 살이었을 때 몹시 아팠습니다. 병이 걸린 이후 그녀는 보지도, 듣지도 또 말할 수도 없었습니다. 헬렌이 7살이 되었을 때 앤 설리번을 만났습니다. 앤은 헬렌이 주변 세계를 배울 수 있도록 감각들을 사용하는 방법을 가르쳐 주었습니다. 장애에도 불구하고 헬렌은 다른 감각들을 사용하여 의사소통하는 법을 열심히 배웠습니다.

질문에 답하세요.

1. She was sick when she was two.
   헬렌이 언제 아팠습니까?
   두 살이었을 때 그녀는 아팠습니다.

2. She was Helen's teacher.
   앤 설리번이 누구입니까?
   그녀는 헬렌의 선생님이었습니다.

3. She used the sense of touch, smell, and taste.
   헬렌이 사용한 감각은 무엇입니까?
   그녀는 만지고 냄새 맡고 맛보는 감각을 이용했습니다.

Speaking

헬렌의 어린 시절에 대해 이야기해 보세요.

1. Illness made her deaf and blind.
   무엇이 헬렌을 눈과 귀를 멀게 만들었습니까?
   질병이 헬렌을 눈과 귀를 멀게 만들었습니다.

2. They found a teacher for her.
   헬렌을 위해서 부모님이 어떤 일을 했습니까?
   그녀를 위해 선생님을 찾아 주었습니다.

3. Helen met Anne Sullivan when she was seven.
   앤 설리번을 언제 만났습니까?
   헬렌이 7살 되었을 때 만났습니다.

4. Anne Sullivan was her teacher.
   누가 헬렌의 선생님이었습니까?
   앤 설리번이 선생님이었습니다.

Review

주어진 문장이 맞으면 YES에 동그라미하세요.
주어진 문장이 옳지 않으면 NO에 동그라미하세요.

1. NO
   헬렌은 태어날 때부터 볼 수도 들을 수도 없었습니다.

2. NO
   앤 설리번은 의사였습니다.

3. YES
   헬렌은 7살 때 앤을 만났습니다.

4. NO
   읽기 위해서 시각을 사용하는 법을 배웠습니다.

5. YES
   헬렌이 자신의 장애를 극복했기 때문에 유명해졌습니다.

Act it Out

TG Book Art
본 활동은 이제까지의 내용을 바탕으로 헬렌 켈러의 이야기책을 만들어 보는 시간이며 아래의 책 만드는 법을 따라 아이들이 요약정리 할 수 있게 지도합니다.

이야기책을 만들어 보세요.
1. 종이를 반으로 접으세요.
2. 같은 방향으로 또 한 번 접으세요.
3. 전과는 다른 방향으로 그림처럼 반으로 접으세요.
4. 종이를 그림처럼 편 다음 위에서 아래로 반만 자르세요.
5. 종이를 전부 폅니다.
6. 길이가 길게 종이를 접으세요.
7. 양끝을 잡고 밀어 그림처럼 만드세요.
8. 작은 크기의 책이 완성 되었어요.

Unit 3
Olympic Games

Vocabulary

1. **ancient**
   올림픽 게임은 고대 그리스에서 시작되었습니다.

2. **held**
   올림픽 게임은 4년 마다 열립니다.

3. **Athletes**
   세계 곳곳의 선수들이 참여할 수 있었습니다.

4. **participate**
   여자가 경기에 참여할 수 있었던 것은 1900년이었습니다.

5. **motto**
   올림픽 경기의 모토는 보다 빠르게, 보다 높게 보다 힘차게입니다.

6. **represent**
   오륜기는 전 세계의 모든 국가를 상징합니다.

Listening

The Olympic Games started in ancient Greece. The Games were held every four years. This period is called the Olympiad. These ancient games lasted for almost 1,000 years. But, they stopped when the Roman Empire invaded Greece. In ancient times, only Greek males were able to participate in the games. Women were not allowed. There was no torch and clothing was different.

올림픽 경기는 고대 그리스에서 시작되었습니다. 경기는 4년마다 열렸습니다. 이 기간을 올림피아드라고 합니다. 고대 올림픽 경기는 거의 1000년간 지속되었습니다. 그러나 로마 제국이 그리스를 침입했을 때 중지되었습니다. 고대에는 오직 남자만이 경기에 참여할 수 있었습니다. 여성들은 참여가 금지 되었습니다. 그때는 성화도 없었고 유니폼도 다 제각각 이었습니다.

문장을 듣고 맞는 답을 고르세요.

1. ② Greece
   올림픽 경기는 고대 그리스에서 시작되었습니다.

2. ③ 4 years
   경기는 4년마다 열렸습니다.

3. ③ 1000 years
   경기는 1000년동안 지속되었습니다.

4. ② Only men

오직 남자만이 경기에 참여할 수 있었습니다.

5. ② Roman Empire
   로마 제국이 그리스를 침입했을 때 올림픽 경기는 중지되었습니다.

Reading

근대 올림픽 경기

올림픽 경기는 지구상에서 가장 큰 스포츠 행사 중의 하나입니다. 근대 올림픽 경기는 1896년 프랑스인 쿠베르탱 이라는 사람에 의해 다시 시작되었습니다. 그 이후 4년마다 열리고 있습니다. 세계 곳곳의 선수들이 참여할 수 있었습니다. 여자가 경기에 참여할 수 있었던 것은 두 번째 경기인 1900년이었습니다. 수많은 선수와 사람들이 전 세계 방방곡곡에서 모여듭니다. 그들은 같은 장소 같은 시간에 다 함께 하나로 뭉칩니다. 올림픽의 모토는 '보다 빠르게, 보다 높게 보다 힘차게' 입니다. 이 모토는 올림픽 상징과 잘 어울립니다. 올림픽 상징은 검정, 파랑, 노랑, 초록 그리고 빨강색의 다섯 개의 고리 모양입니다. 각 색은 세계 모든 국가를 나타내는 것입니다.

문제를 읽고 맞는 답을 고르세요.

1. ② Olympic Games
   무엇에 관한 이야기입니까?
   올림픽 게임

2. ① 1896
   언제 근대 올림픽 경기는 시작되었습니까?
   1896

3. ② 1990
   언제 여자들이 경기에 참가할 수 있었습니까?
   1990

4. ③ purple
   올림픽 상징에 들어가지 않는 색은 무엇입니까?
   보라

5. ④ Coubertin
   누가 근대 올림픽을 시작했습니까?
   쿠베르탱

Grammar

형용사의 비교급, 최상급

- big - bigger - the biggest
  올림픽 경기는 가장 큰 스포츠 행사 중의 하나입니다.

- small - smaller - the smallest
  나는 우리 집에서 가장 작습니다.

맞는 답을 고르거나 쓰세요.

1. the biggest
   이 집이 세상에서 가장 큰 도시입니다.

2. **the longest**
   이게 우리 동네에서 가장 긴 다리입니다.

3. **the tallest**
   이게 세계에서 가장 높은 탑입니다.

4. **the oldest house in my town.**
   그 집은 우리 마을에서 가장 오래된 집입니다.

5. **the richest man in my town.**
   그는 마을에서 가장 부자입니다.

Writing

빈칸에 올바른 단어를 채우세요.

1. biggest
2. modern
3. winter
4. four
5. friendship

올림픽 경기는 세계에서 가장 큰 운동 경기입니다. 첫 번째 근대 올림픽 경기는 1896년에 열렸습니다. 올림픽 경기는 여름과 겨울 경기로 나뉩니다. 경기는 4년 마다 열립니다. 전 세계의 선수와 사람들이 경기를 하고 우정을 기념하기 위해서 모여듭니다.

질문에 답하세요. 주어진 단어를 이용해 문장을 만드세요.

1. **It was opened in 1896.**
   언제 첫 번째 근대 올림픽 경기가 열렸습니까?
   1896년이었습니다.

2. **Because they celebrate friendship between people and nations.**
   왜 올림픽 경기가 유명합니까?
   사람과 국가 간의 우정을 기념하기 때문입니다.

3. **The Frenchman Pierre de Coubertin**
   누가 근대 올림픽을 시작했습니까?
   프랑스사람 쿠베르탱 남작

Speaking

질문을 만들어보세요.

1. **When did the modern Olympic Games begin?**
   근대 올림픽은 언제 시작되었습니까?
   1896년에 시작되었습니다.

2. **Who started the modern Olympic games?**
   누가 근대 올림픽을 창시했습니까?
   프랑스사람 쿠베르탱에 의해 시작되었습니다.

3. **How often are the games held?**
   얼마나 자주 열립니까?
   4년마다 열립니다.

4. **When did women take part in the games?**
   언제 여자들이 경기에 참가할 수 있었습니까?
   1990년 이래로 참가할 수 있었습니다.

5. **What is the Olympic motto?**
   올림픽 모토는 무엇입니까?
   올림픽의 모토는 '보다 빠르게, 보다 높게 보다 힘차게' 입니다.

Review

주어진 문장이 맞으면 YES에 동그라미하세요.
주어진 문장이 옳지 않으면 NO에 동그라미하세요.

1. NO
   올림픽 경기는 고대 프랑스에서 시작했습니다.

2. YES
   고대 올림픽에선 여성은 참여가 금지되었습니다.

3. NO
   올림픽은 두 번째로 큰 운동 경기입니다.

4. YES
   근대 올림픽은 1896년에 다시 시작되었습니다.

5. NO
   올림픽 상징에는 4가지 색이 있습니다.

Act it Out

TG 본 활동은 올림픽의 정신을 기리면서 아이들과 재미있게 할 수 있는 art& craft 활동입니다.

올림픽 깃발을 만들어 보세요.
5개의 원을 그리세요.
각 원을 파랑, 노랑, 검정, 초록 그리고 빨강으로 칠하세요.

Vocabulary

1. **healthy**
   의사들은 사람들이 건강하게 살도록 도와줍니다.

2. **patients**
   의사들은 아픈 사람들을 보살핍니다.

3. **heartbeat**
   의사들은 청진기로 우리의 심장 소리를 듣습니다.

4. **thermometer**
   체온계는 체온을 잽니다.

5. **otoscope**
   의사들은 검이경으로 귀를 검사합니다.

Listening

A community is a place where groups of people live and work. Our community has many people who help us. They are community workers. Doctors help people stay healthy. Firefighters put out fires. Mail carrier deliver the mail. Police officers help keep our communities safe. Community workers are everywhere to help people.

지역사회란 여러 집단의 사람들이 모여 살고 일하는 곳을 말합니다. 우리 지역사회에는 우리를 돕는 많은 사람들이 있습니다. 그들이 바로 지역사회 조력자들입니다. 의사들은 사람들이 건강하게 살도록 도와줍니다. 소방관들은 불을 끄고, 우편배달원들은 편지를 배달하는 일을 합니다. 경찰관들은 우리 지역 사회를 안전하게 지켜줍니다. 이러한 지역 사회 봉사자들은 어느 곳에서나 사람들을 도와줍니다.

문장을 듣고 맞는 답을 고르세요.

1. ③ community
   여러 집단의 사람들이 함께 모여 사는 곳을 지역사회라고 합니다.

2. ② Doctors
   의사는 아프거나 다친 사람들을 보살핍니다.

3. ③ Police officers
   경찰관은 지역사회의 주민을 보호합니다.

4. ① Firefighters
   소방관은 불을 끄는 일을 합니다.

5. ③ Mail carrier
   우편배달원은 우리가 서로 연락하고 지내는 걸 도와줍니다.

Reading

의사

우리가 아프거나 다치면 의사를 찾아 갑니다. 의사들은 사람들이 건강하게 살 수 있도록 도와줍니다. 특별한 도구들을 가지고 진찰한 후 낫게 하기 위해 약도 처방합니다. 의사들이 사용하는 도구에는 여러 가지가 있습니다. 청진기는 우리의 심장 소리를 듣는데 사용합니다. 검이경은 우리 귀안을 들여다보는 걸 가능하게 합니다. 체온계는 열을 재는데 사용합니다. 오늘날에는 엑스레이를 사용해서 우리의 뼈를 찍기도 합니다. 또한 의사들은 우리의 몸을 잘 돌보기 위한 운동이나 음식에 대해서도 알려줍니다.

문제를 읽고 맞는 답을 고르세요.

1. ③ doctors
   복통이 생기면 어떤 지역 봉사자의 도움이 필요합니까?
   의사

2. ④ ropes
   의사의 일을 도와주는 도구가 아닌 것은 무엇입니까?
   밧줄

3. ① hearts
   청진기로 무엇을 듣습니까?
   심장

4. ③ They help put out the flames.
   의사는 많은 일을 합니다. 의사의 일이 아닌 것을 고르세요.
   불을 끄는 일을 돕는다.

5. 도구와 신체부위를 맞게 연결하세요.

Grammar

to give + a person + a thing ~에게 …을 주다
의사는 우리에게 약을 준다

맞는 답을 고르거나 쓰세요.

1. a) My friend gave me a movie ticket.
   내 친구가 내게 영화표를 주었습니다.

2. b) He gave his friend a birthday card.
   그는 친구에게 생일 카드를 주었습니다.

3. b) My mother will give me some candies.
어머니는 제게 사탕을 주실 것입니다.

4. She gives me some chocolate.
그 아이가 제게 초콜릿을 주었습니다.

Writing

빈칸에 올바른 단어를 채우세요.

1. community
2. healthy
3. patients
4. tools
5. medicine

의사들은 우리 사회에서 매우 중요한 역할을 합니다. 그들은 우리가 건강하게 살도록 도와줍니다. 의사들은 자신의 환자들을 돌봅니다. 먼저 특별한 도구를 사용하여 환자를 검진합니다. 그런 다음 환자들에게 필요할 경우 약을 주기도 합니다. 환자들은 대개 궁금한 것이 많습니다. 환자들이 물으면 의사들은 모든 것에 답변하려고 노력합니다.

의사에 대한 질문에 답하세요.

1. They work in hospitals.
의사들은 어디에서 일합니까?
그들은 병원에서 일합니다.

2. They use a stethoscope, an otoscope, a thermometer and x-ray machine.
어떤 도구들을 사용합니까?
그들은 청진기, 검이경, 온도계, x-ray를 사용합니다.

3. They work with nurses.
의사들은 누구와 함께 일합니까?
간호사와 함께 일합니다.

Speaking

대화를 완성하세요.

A: Who are community helpers?
지역 사회 봉사자들에는 어떤 사람들이 있습니까?
B: Doctors, firefighters and teachers are community helpers.
의사, 소방관 그리고 선생님들이 지역사회 봉사자입니다.
A: Who do you need when you are sick?
당신이 아플 때 누가 필요합니까?
B: I need doctors.
의사가 필요합니다.
A: Where do doctors work?
의사들은 어디에서 일합니까?
B: They usually work in hospitals.

그들은 주로 병원에서 일합니다.
A: When doctors hear your heart, what do they use?
의사가 당신의 심장 소리를 들을 때 무엇을 사용합니까?
B: They use a stethoscope.
청진기를 사용합니다.
A: Who do doctors work with?
의사들은 누구와 함께 일합니까?
B: They work with nurses.
간호사와 함께 일합니다.

Review

주어진 문장이 맞으면 YES에 동그라미하세요.
주어진 문장이 옳지 않으면 NO에 동그라미하세요.

1. YES
의사들은 지역사회 봉사자들입니다.

2. NO
의사들은 불 끄는 걸 돕습니다.

3. NO
청진기는 환자의 귀 안을 들여다 볼 때 사용합니다.

4. YES
의사들은 간호사들과 함께 일합니다.

5. NO
엑스레이는 심장 소리를 듣는데 씁니다.

Act it Out

Role Plays

1. 역할을 정하기 : 한사람은 의사 다른 한사람은 환자
2. 파트너와 대본 연습하기
3. 역할극 하기
   의사: 안녕하세요. 어떻게 오셨어요?
   환자: 두통이 있어서요.
   의사: 아 하세요.
   환자: 아~~
   의사: 숨을 깊게 들이쉬세요.
   환자: 그럴게요.
   의사: 감기시네요.
   환자: 많이 심한가요?
   의사: 아니요, 쉬십시오.
   환자: 알겠습니다. 감사합니다.

Good to Eat

Vocabulary

1. **healthy**
   학교는 점심 메뉴를 몸에 좋은 음식들로 바꾸기를 원합니다.

2. **junk food**
   아이들은 정크 푸드를 먹고 싶어 합니다.

3. **fatty**
   버터, 아이스크림, 치즈는 지방이 많이 든 음식입니다.

4. **overweight**
   그것들은 아이들을 과체중으로 만듭니다.

Listening

Recently schools in the U.S. have changed their lunch menus. They found out that children are eating the wrong food everyday. Fast food, candies and chocolate make children overweight. Many children know which foods are good for their health. But the problem is that they still want to eat junk. Doctors and parents are worried about children's health.

최근에 미국의 학교들이 점심 식단을 바꾸고 있습니다. 그들은 아이들이 매일 잘못된 음식들을 먹고 있다는 것을 발견했습니다. 패스트푸드, 사탕, 초콜릿 등의 음식들이 아이들을 과체중으로 만들고 있습니다. 많은 아이들은 몸에 좋은 음식이 무엇인지 알고 있습니다. 그러나 문제는 여전히 안 좋은 음식들을 선호한다는 사실입니다. 의사와 부모들은 아이들의 건강에 대해 매우 염려하고 있습니다.

문장을 듣고 맞는 답을 고르세요.

1. ③ **food and children**
   이 이야기는 음식과 아이들에 관한 이야기입니다.

2. ② **Children like wrong food.**
   미국의 학교들이 발견한 것은 무엇입니까?
   아이들이 잘못된 음식을 좋아합니다.

3. ① **Chocolate**
   어떤 음식들이 아이들을 과체중으로 만듭니까?
   초콜릿

4. ③ **Children want to eat bad food everyday.**
   무엇이 가장 큰 문제입니까?
   아이들은 매일 나쁜 음식을 먹고 싶어 합니다.

5. ② **health**
   부모들은 자기 아이들의 건강을 염려합니다.

Reading

Good to Eat

사과나 당근을 학교 식당에서 보는 것은 어려운 일이 아닙니다. 이러한 건강한 음식들이 점심 식단에서 감자튀김이나 브라우니를 대신하고 있습니다. 미국에 있는 학교들이 학교 음식에 대해 까다로운 규칙을 만들었습니다. 패스트푸드, 사탕, 소금이나 지방이 많이 든 음식들은 허용하지 않고 있습니다. 아이들이 점점 뚱뚱해 지고 있습니다. 아이들도 어떤 음식들이 건강을 위한 것인지 잘 알고 있습니다. 그러나 가장 큰 문제는 그들이 뭘 먹고 싶어 하느냐 입니다. 그들은 아직도 정크 푸드를 좋아합니다. 몇몇 전문가들은 아이들이 지금 무엇을 먹느냐가 그들의 평생의 음식습관을 좌우하게 될 것이라고 말합니다. 의사들 또한 아이들의 심각한 건강의 문제를 걱정하고 있습니다. 가끔은 아이들도 자기들이 좋아하는 음식을 먹을 수 있습니다. 그러나 올바른 음식을 선택하는 법을 배워야 합니다. 올바른 식습관은 현재와 미래를 건강하게 살 수 있도록 도와줍니다. *

문제를 읽고 맞는 답을 고르세요.

1. ③ **School rules about lunch food**
   무슨 내용의 관한 글입니까?
   점심 식사에 대한 규칙

2. ④ **vegetable salads**
   건강을 위한 음식은 무엇입니까?
   야채샐러드

3. ④ **Children's eating habit can not be changed easily.**
   기사에 의하면 무엇이 문제입니까?
   아이들의 식습관이 쉽게 변하지 않습니다.

4. ② **The way of choosing food wisely.**
   학교가 아이들에게 가르치고자 하는 것은 무엇입니까?
   현명하게 음식을 선택하는 방법

5. ③ **Eat fruit or vegetables at every meal.**
   음식을 잘 선택하는 방법에 대해 서술한 문장을 고르세요.
   매 식사시 과일이나 야채 먹기

Grammar

TG 'worried about something'는 be동사와 함께 쓰여 '~에 대해 걱정하다.' 라는 의미를 갖는다.

be worried about

- 의사들 또한 아이들의 심각한 건강의 문제를 걱정하고 있습니다.
- 그는 수학 시험을 걱정하고 있습니다.

맞는 답을 고르거나 쓰세요.

1. **am worried**

난 그의 건강이 걱정됩니다.

2. worried about
   그는 시험 결과를 걱정하고 있습니다.

3. worry about.
   엄마는 뭔가 걱정하는 게 있습니다.

4. is worried about
   그녀는 그 남자 아이의 건강을 걱정합니다.

Writing

빈칸에 올바른 단어를 채우세요.

1. healthy
2. junk
3. overweight
4. choose
5. problems

학교들이 점심 식사에 건강한 음식을 원하고 있습니다. 학교들은 사탕, 칩스 그리고 패스트푸드 같은 정크 푸드를 허용하지 않습니다. 그러한 음식들은 아이들에게 해가 되어 우리 아이들을 과체중으로 만들고 있습니다. 교사와 학부모들은 아이들이 음식을 현명하게 선택할 수 있도록 도와주어야 합니다. 좋은 식습관을 갖는 것은 장차 아이들의 건강에 대한 문제들을 줄이게 될 것입니다.

질문에 답하세요. 주어진 단어를 이용해 문장을 만드세요.

1. hamburgers, french fries, pizza
   정크 푸드란 무엇인가요?
   햄버거, 감자, 피자

2. fruit, vegetables, food your mother make
   좋은 음식이란 어떤 것들인가요?
   과일, 야채, 엄마가 만들어 주시는 음식

3. They don't like to exercise and they like to eat junk food.
   왜 아이들이 점점 과체중이 되어 가나요?
   운동하기는 싫어하고 정크 푸드를 좋아하기 때문입니다.

Speaking

음식에 대해 이야기해 보세요.

1. They have found that children like the wrong foods.
   최근에 미국 학교들은 매우 중요한 사실을 발견했습니다. 그것은 무엇입니까?
   학생들이 잘못된 음식들을 좋아한다는 것을 알았습니다.

2. Because they want their students to get healthy.

왜 미국 학교들이 점심 메뉴를 바꿨습니까?
그 이유는 학생들이 건강해지기를 바라기 때문입니다.

3. The problem is that children want to eat bad food every day.
   학생들은 좋은 음식이 무엇인지 알고 있습니다. 그렇다면 무엇이 문제입니까?
   문제는 학생들이 몸에 안 좋은 음식을 매일 먹고 싶어한다는 것입니다.

4. They need to teach children to choose the right foods.
   음식에 관해 무엇을 가르쳐야 합니까?
   올바른 음식을 선택하는 법을 가르쳐야 합니다.

Review

주어진 문장이 맞으면 YES에 동그라미하세요.
주어진 문장이 옳지 않으면 NO에 동그라미하세요.

1. NO
   한국의 학교들은 점심 식단에 관한 까다로운 규칙이 있습니다.

2. YES
   미국의 학생들은 점심으로 칩스나 사탕을 먹을 수 없습니다.

3. NO
   정크 푸드는 건강에 이로운 음식입니다.

4. YES
   안 좋은 음식을 먹는 것은 심각한 건강상의 문제를 유발합니다.

5. YES
   올바른 음식을 선택하는 것을 배우는 것은 아이들을 위해 필요합니다.

Act it Out

(TG) 골든 벨 형식으로 재미있는 듣기 활동을 꾸며봅니다. 또한 배운 내용을 다시 한 번 종합적으로 사고할 수 있게 해 줍니다.

좋은 음식과 안 좋은 음식에 대한 5가지 질문에 답하세요.

대화식 음식 퀴즈
좋은 음식과 안 좋은 음식

1. It's not bad food.
   설탕은 안 좋은 음식입니까?
   안 좋은 음식만은 아닙니다.

2. No, it is not.
   정크 푸드는 좋은 음식입니까?
   아니요, 그렇지 않습니다.

3. Burgers, coke, chips, fried potatoes
정크 푸드에 속하는 음식 이름 두 개 말하세요.
버거, 콜라, 칩스, 감자튀김 등등

4. Vegetables, Fresh fruit, Oily fish
먹을 수 있는 좋은 음식들은 무엇입니까? 세 개만 고르세요.
야채, 신선한 과일, 생선

5. Apples, pears, broccoli, corn etc.
몸에 좋은 음식 세 개만 말해보세요.
사과, 배, 브로콜리, 옥수수 등등

Unit 6
India

Vocabulary

1. population
   인도의 인구는 매우 많습니다.

2. capital
   인도의 수도는 뉴델리입니다.

3. festival
   디왈리는 인도에서 유명한 축제입니다.

4. windowsill
   초를 창가에 놓아두기도 해.

5. celebrate
   그들은 기념하기 위해 불꽃놀이를 합니다.

Listening

India is the seventh largest country with a very large population. It is located in South Asia, between Pakistan, China and Nepal. The history of the country goes back to at least 10,000 years ago when Hinduism was first founded. The capital of India is New Delhi and it is one of India's busiest cities. English is the most important language for national, political, and commercial communication.

인도는 세계에서 7번째로 큰 나라이며 인구 또한 많습니다. 인도는 파키스탄, 중국 그리고 네팔 사이의 위치한 남아시아에 위치하고 있습니다. 나라의 역사는 힌두교가 처음 생겼던 10,000년 정도로 거슬러 올라갑니다. 인도의 수도는 뉴델리이며 인도에서 가장 바쁜 도시 중의 하나입니다. 영어는 가장 중요한 언어로서 국가적, 정치 그리고 사업에서 사용되고 있습니다.

문장을 듣고 맞는 답을 고르세요.

1. ② India
   이것은 인도에 대한 이야기입니다.

2. ③ seventh
   인도는 세계에서 7번째로 큰 나라입니다.

3. ③ New Delhi
   인도의 수도는 뉴델리입니다.

4. ② South Asia
   인도는 남아시아에 위치해 있습니다.

5. ① English
   인도에서 영어는 매우 중요한 언어입니다.

Reading

인도에서 온 엽서

안녕, 앤!

인도는 정말 멋진 곳이야. 난 자이푸르란 곳에서 가족과 함께 즐거운 시간을 보내고 있어. 여기 사람들은 디왈리라는 것 때문에 매우 들떠 있단다. 디왈리는 인도에서 가장 유명한 축제 거든. 이 축제 기간 동안에 사람들은 자기의 집을 깨끗이 청소하고 또 행복한 메시지를 담은 카드도 보낸데. 뿐만 아니라 아주 밝은 색의 꽃들로 방을 장식한다고 하는데 이것은 힌두교 여신인 락쉬미가 밝은 색의 꽃을 좋아하기 때문이란다. 또 작은 접시에 초를 담아서는 창가에 놓아두기도 해. 건물 창가마다 초가 놓여있는 광경을 상상해봐. 내일은 쇼핑을 하고 불꽃놀이도 볼 거야.

사랑을 담아 릴리가

문제를 읽고 맞는 답을 고르세요.

1. ③ letter

   어떤 종류의 글입니까?

   편지

2. ② Lily

   누가 보낸 엽서입니까?

   릴리

3. ③ festival in India

   디왈리란 무엇입니까?

   인도의 축제

4. ② They do not eat at all.

   디왈리 축제 기간 동안 사람들이 하지 않는 일을 고르세요.

   절대 먹지 않습니다.

5. ③ Diwali

   편지의 주된 내용은 무엇입니까?

   디왈리

Grammar

because vs because of

- because + (subject + verb)

  이것은 힌두교 여신인 락쉬미가 밝은 색의 꽃을 좋아하기 때문입니다.

- because of

  자이푸르 사람들은 디왈리라는 것 때문에 매우 들떠 있다.

맞는 답을 고르세요.

1. because of

   우리는 비가 와서 축구를 중지했습니다.

2. because

   저는 아파서 결석했습니다.

3. because of

   아빠의 직장 때문에 부산으로 이사를 했습니다.

4. because of

   저는 동생 때문에 지각했습니다.

5. because

   저는 목이 아파서 먹을 수가 없습니다.

Writing

빈칸에 올바른 단어를 채우세요.

1. largest
2. English
3. festival
4. decorate
5. fireworks

인도는 세계에서 가장 큰 도시 중의 하나입니다. 가장 중요한 언어는 영어입니다. 인도는 디왈리라고 불리는 축제로 유명합니다. 이 축제 기간 동안 사람들은 자신들의 집을 청소하고 장식합니다. 초를 창가에 놓아 두기도 하고 기념하기 위해 불꽃놀이를 합니다.

인도와 디왈리에 대한 질문에 답하세요. 주어진 단어를 이용해 문장을 만드세요.

1. It is located in South Asia, between Pakistan, China and Nepal.

   인도는 어디에 위치한 나라입니까?

   인도는 파키스탄, 중국 그리고 네팔 사이 남아시아에 위치하고 있습니다.

2. Diwali is the most famous Indian festival.

   디왈리란 무엇입니까?

   디왈리는 인도에서 가장 유명한 축제입니다.

3. Because they think Laksmi, the Hindu goddess, likes flowers.

   왜 꽃을 방에 두나요?

   힌두교 여신인 락쉬미가 꽃을 좋아하기 때문입니다.

Speaking

디왈리 기간 동안 인도 사람들이 하는 일들을 이야기해 보세요.

너의 가족은 디왈리 기간동안 무엇을 하니?

My father cleans the house.

아버지는 방을 청소합니다.

My mother decorates rooms with bright flowers.

엄마는 꽃으로 방을 장식합니다.

I put candles on the windowsill.

나는 창가에 촛불을 놓습니다.

My brother writes cards with happy messages.
내 동생은 카드를 보냅니다.

Review

주어진 문장이 맞으면 YES에 동그라미하세요.
주어진 문장이 옳지 않으면 NO에 동그라미하세요.

1. **NO**
   인도는 북아시아에 있습니다.

2. **NO**
   인도의 수도는 자이푸르입니다.

3. **YES**
   인도를 여행할 때 영어를 쓸 수 있습니다.

4. **YES**
   디왈리는 인도의 유명한 축제입니다.

5. **NO**
   인도 사람들은 축제 기간 동안 나뭇잎들로 방을 장식합
   니다.

Act it Out

랑골리 무늬에 색칠하기

랑골리는 인도 예술의 하나입니다. 인도 집안을 장식하는 전
통적인 방법입니다. 랑골리 무늬를 만드는 데는 흰 돌가루,
석회, 밀가루, 그리고 다른 값싼 반죽들을 사용합니다.

1. 꽃을 색칠하세요.
2. 꽃을 가위로 자르세요.
3. 벽을 이 꽃들로 장식하세요.

The Life Cycle of a Pine Tree

Vocabulary

1. **Needles**
   솔잎은 소나무의 잎들입니다.

2. **instead of**
   소나무는 꽃 대신 솔방울이 있습니다.

3. **scales**
   솔방울의 나무부분을 깍지라고 부릅니다.

4. **branches**
   가을에 솔방울은 나뭇가지에서 떨어집니다.

5. **sprout**
   씨는 싹터서 씨앗이 됩니다.

Listening

Pine trees grow well in acid soil. They have cones instead of flowers. The seeds grow inside of pine cones. In spring, pine trees have nice green needles. Needles are the leaves of pine trees. Pine cones grow on branches during the summer. In fall the pine cones grow bigger and fall to the ground.

소나무는 산성 토양에서 잘 자랍니다. 소나무는 꽃이 피지 않
는 대신 솔방울이 열립니다. 씨앗들은 소나무 열매 안에서 자
랍니다. 봄이면 소나무는 초록색의 솔잎을 가지게 됩니다. 솔
잎은 소나무의 잎입니다. 여름 내내 솔방울들이 가지에 붙어
자라게 됩니다. 가을이 되면 솔방울들이 더 커지고 땅으로 떨
어집니다.

문장을 듣고 맞는 답을 고르세요.

1. ② cones
   소나무는 꽃 대신 솔방울을 가지고 있습니다.

2. ③ Needles
   솔잎은 소나무 잎입니다.

3. ③ pine cones
   씨앗들은 솔방울 안에서 자랍니다.

4. ③ In fall
   가을이면 솔방울들이 떨어집니다.

Reading

소나무의 일대기

소나무는 전 세계적으로 대중적인 나무입니다. 소나무는 꽃이
피는 대신 솔방울이 달립니다. 갈색의 솔방울은 가지에서 자

라납니다. 솔방울의 겉 부분은 깍지로 덮여있습니다. 다 자란 나무의 씨앗들은 바로 이 깍지 안에 들어 있습니다. 가을이면 솔방울들은 더 커지고 마침내 씨앗이 잘 익었을 때 땅으로 떨어집니다. 씨앗들은 바람이나 동물들에 의해 새로운 장소로 이동하게 됩니다. 그중의 몇몇은 싹이 터서 어린 묘목으로 자라나게 될 것입니다. 묘목들은 점점 더 자라나서 어느 날 어른 소나무가 될 것입니다.

문제를 읽고 맞는 답을 고르세요.

1. ② Pine trees
   무엇에 관한 이야기입니까?
   소나무

2. ③ scales
   열매의 나무껍질 같은 부분을 무엇이라고 합니까?
   깍지

3. ④ inside of cones
   씨앗은 어디서 자랍니까?
   솔방울 안에서

4. ③ Some of the seeds will be seedlings.
   솔방울이 떨어지고 난 후엔 어떤 일이 생깁니까?
   몇몇 씨앗들은 묘목이 됩니다.

5. ④ There is a life cycle of a pine tree.
   이글의 주제는 무엇입니까?
   소나무는 주기가 있습니다.

Grammar

TG 능동태와 수동태 구문을 살펴볼까요?

Active form(능동형)

subject doing action	verb	object receiving action
My mother 엄마는	washes 씻습니다	the dishes. 그것을
I 나는	wrote 썼습니다	this book. 이 책을

Passive form(수동형)

subject receiving action	passive verb	object doing action
The dishes 그릇은	are washed 씻어졌습니다	by my mother. 엄마에 의해
This book 이 책은	was written 쓰여졌습니다	by me. 나에 의해

● 바람과 동물은 씨앗들을 새로운 장소로 옮깁니다.
→ 씨앗들은 바람과 동물들에 의해 새로운 장소로 옮겨집니다.

수동태로 바꾸세요.

1. My car is repaired by my father.
   제 차가 수리되어졌습니다.

2. The wonderful dinner was made by my mother.
   멋진 저녁이 엄마에 의해서 준비되어졌습니다.

3. The seat is taken.
   이 자리는 주인이 있습니다.

4. I was given it by one of my friend.
   제 친구 중 한명이 그것을 제게 주었습니다.

5. The letter was written.
   누군가가 편지를 썼습니다.

Writing

빈칸에 올바른 단어를 채우세요.

1. found
2. grown
3. makes
4. inside
5. appear
6. fall

소나무는 전 세계에서 볼 수 있습니다. 소나무의 솔방울은 갈색이고 그것들은 가지에서 자라납니다. 다 자란 소나무는 씨앗을 만듭니다. 씨앗들은 솔방울 안에서 자랍니다. 솔방울은 여름에 볼 수 있습니다. 솔방울이 점점 자라 커지면 가을에 땅으로 떨어집니다.

소나무에 대한 질문에 답하세요. 주어진 단어를 이용해 문장을 만드세요.

1. Pine trees can be found all over the world.
   (or I can see pine trees all over the world.)
   어디에서 소나무를 볼 수 있습니까?
   소나무는 전 세계에서 볼 수 있습니다.

2. They have a trunk, needles, and branches.
   소나무를 구성하는 부분들은 무엇입니까?
   그것들은 몸통과 잎 그리고 가지들을 가지고 있습니다.

3. The seeds are moved to new places by wind and animals. Some of them will sprout and they will be young plants or seedlings.
   솔방울이 땅에 떨어진 후 어떤 일들이 생기나요?
   씨앗들은 바람이나 동물들에 의해 새로운 장소로 이동하게 됩니다. 그중의 몇몇은 싹이 터서 어린 묘목으로 자라나게 될 것입니다.

Speaking

소나무에 대해 이야기 해보세요.

1. No, they do not have flowers. Instead they have cones.

소나무는 꽃이 피나요?
소나무는 꽃이 없습니다. 대신에 솔방울이 있습니다.

2. Yes. Seeds grow inside of cones.

씨가 어디서 자라는지 아나요?
네. 씨앗들은 솔방울 안에서 자랍니다.

3. Wind and animals do.

누가 씨앗들을 새로운 장소로 옮겨주나요?
바람이나 동물들이 도와줍니다.

Review

주어진 문장이 맞으면 YES에 동그라미하세요.
주어진 문장이 옳지 않으면 NO에 동그라미하세요.

1. NO

소나무는 전 세계적으로 쉽게 찾아볼 수 없습니다.

2. YES

소나무는 꽃을 피우지 않습니다.

3. YES

소나무의 씨앗은 솔방울 안에 있습니다.

4. NO

솔방울이 빨간색이 되면 땅으로 떨어집니다.

5. NO

땅에 떨어진 씨앗을 새 장소로 옮겨주는 것은 바람 뿐 입니다.

Act it Out

TG 소나무의 일대기를 표로 만들어 보세요.
life cycle의 각 영역의 그림을 각각 따로 제시하고 이를 가지고 아이들이 스스로 만들어 보게 합니다. 각 부분에 알맞은 어휘나 문장을 쓸 수도 있습니다.

학급친구들에게 소나무에 대해 말해보세요. 말할 때, 다음과 같은 단어를 사용하세요.

This is a pine tree.
이것은 소나무입니다.
It has needle and cones.
소나무는 솔잎과 솔방울을 가집니다.
Cones are brown and grow on branches.
솔방울은 갈색이고 가지에서 자랍니다.
The seeds grow inside of cones.
씨앗은 솔방울 안에서 자랍니다.
In fall, pine cones fall of the branches.
가을에 솔방울은 가지에서 떨어집니다.

Unit 8
The Three Rs

Vocabulary

1. resources

지구는 자원이 고갈되고 있습니다.

2. means

세 가지 R은 절약, 재사용, 재생을 의미합니다.

3. trash

절약이란 덜 쓰고 쓰레기를 적게 낸다는 뜻입니다.

4. Reuse

재사용의 의미는 한 번 이상 사용한다는 것을 말합니다.

Listening

Natural resources are useful materials that people need to live. Some resources like air and water are renewable resources. These natural resources can be reproduced within a few years. Some resources, however, cannot be replaced quickly once they are used up. Oil and minerals take many years to be made.

천연 자원은 사람들이 살아가는 데 매우 필요한 물질입니다. 공기나 물 같은 자원들은 재생 가능한 자원들입니다. 이러한 천연 자원들은 몇 년 안에 다시 생산 가능합니다. 그러나 어떤 자원들은 한 번 고갈되고 나면 빨리 재생하지 못하는 것들도 있다. 기름, 광물 등의 자원들은 다신 만들어지는데 많은 시간이 걸립니다.

문장을 듣고 맞는 답을 고르세요.

1. ③ natural resources

지구는 사람들을 살 수 있게 해주는 천연 자원들이 있습니다.

2. ② Water

물은 재생 가능한 천연 자원 중의 하나입니다.

3. ③ Wind

바람은 빨리 재생할 수 있습니다.

4. ② renewable resources

빠른 시간 안에 복구 가능한 물질을 재생가능한 자원이라고 불린다.

5. ② oil and minerals

복구되는데 많은 시간이 걸리는 자원은 무엇입니까?
기름, 광물

Reading

세 가지 R

매년 우리 지구는 자원이 고갈되고 있습니다. 이제 지구는 여러분의 도움이 필요합니다. 우리의 지구를 구하기 위해 세 가지 R을 기억해야 할 때가 왔습니다.

Reduce 절약

절약의 의미는 덜 쓰고 쓰레기 또한 덜 만들어 내는 것을 말합니다. 예를 들어, 시장에서 오이를 사 들고 올 때 비닐봉지 대신 손에 들고 오는 것입니다. 또한 이를 닦는 동안 수도꼭지를 잠가 두어 물의 낭비를 줄이는 것 또한 의미합니다.

Reuse 재사용

재사용이란 한 번 이상 사용하는 것을 말합니다. 가정에서도 그저 버려지는 것들을 다시 시용할 수 있습니다. 종이의 양면을 모두 씁니다. 낡은 옷들, 장난감 그리고 가구들을 친구나 이웃에게 주는 것 또한 가능한 일입니다.

Recycle 재생

종이 봉지, 캔, 또는 우유팩 등 우리가 매일 사용하는 것들은 재생이 가능한 것들입니다. 종이에 그림을 그린 후 종이를 버릴 때 종이용 분리수거함에 넣어 주세요.

문제를 읽고 맞는 답을 고르세요.

1. ③ How to help our earth
   무엇에 관한 내용입니까?
   자구를 돕는 방법

2. ② reduce, reuse and recycle
   세 가지 R의 의미는 절약, 재사용, 재생입니다.

3. ④ My father walks to work instead of driving his car.
   reduce에 관한 문장은 무엇인가요?
   우리 아빠는 차를 운전하는 대신 걸어서 직장에 가십니다.

4. ③ You can use toilet rolls to make to make arts and craft.
   reuse에 대해 말하는 문장은 무엇입니까?
   휴지 심으로 뭔가를 만들 수 있습니다.

5. ③ You can throw the paper, plastic and glass into the right recycling bins.
   recycle에 대한 문장은 무엇입니까?
   분리수거함을 잘 이용한다.

Grammar

instead of + 명사

소나무는 꽃 대신 솔방울이 있습니다.
오이를 집으로 가져오는데 비닐봉지 대신에 손에 들고 오는 것입니다.

instead of + 동사 - ing

종이를 그냥 버리는 대신에 재사용 할 수 있습니다.
부엌을 청소하는 대신 방을 청소할 것입니다.

가장 적합한 답을 고르세요.

1. a) I chose the apple instead of the pear.
   저는 배 대신에 사과를 골랐어요.

2. b) My sister bought a blue sweater instead of a red one.
   여동생은 빨간색 대신에 파란색 스웨터를 샀습니다.

3. a) I decided watching TV instead of playing soccer.
   저는 축구하는 대신에 TV를 보기로 했습니다.

Writing

빈칸에 올바른 단어를 채우세요.

1. natural
2. three
3. Reduce
4. Reuse
5. recycled

지구에는 천연 자원들이 있습니다. 사람들은 천연 자원을 매일 사용합니다. 더 나은 세상을 위해 우리 지구를 구할 세 가지 중요한 방법이 있습니다. 절약은 소비와 낭비를 줄이는 것을 뜻합니다. 재사용은 다시 한 번 더 사용한다는 뜻입니다. 우리는 매일 뭔가를 사용합니다. 종이, 캔, 페트 병 등은 분리수거를 함으로써 재활용이 가능합니다.

세 가지 R에 대한 질문에 답하세요.

1. Air and water, oil, minerals and soil
   천연 자원에는 어떤 것들이 있습니까?
   공기와 물, 기름, 광물 그리고 토양

2. Reduce, Reuse, Recycle
   우리 지구를 구하기 위한 세 가지 방법은 무엇입니까?
   절약, 재사용, 재생

3. Use all writing paper on both sides.
   종이의 양면을 모두 씁니다.

Speaking

세 가지 R에 대해 이야기해 보세요.

1. (c)
   알고 있는 천연자원은 무엇입니까?
   공기, 물, 기름, 광물 등이 천연자원입니다.

2. (d)

3R이란 것은 무엇입니까?

3R이란 절약, 재사용, 그리고 재생을 뜻합니다.

3. (b)

이 닦는 동안 물을 잠가두는 것은 절약에 해당합니까?

네

4. (a)

재사용이란 무엇입니까?

재사용이란 물건을 한 번 이상 사용하는 것을 말합니다.

5. (e)

왜 3R이 중요합니까?

그것이 지구를 돕는 방법이기 때문입니다.

Review

주어진 문장이 맞으면 YES에 동그라미하세요.

주어진 문장이 옳지 않으면 NO에 동그라미하세요.

1. NO

천연 자원은 사람들에게 중요한 물질이 아닙니다.

2. NO

재생가능한 자원들은 빨리 복구됩니다.

3. NO

절약이란 다시 한 번 더 사용하는 것을 말합니다.

4. YES

장난감을 함께 쓰는 것은 재사용하는 방법 중의 하나입니다.

5. NO

우유팩과 신문은 재활용할 수 없습니다.

Act it Out

새 모이통을 만들어 보세요.

우유팩, 가위, 새모이, 줄이 필요합니다.

우유팩을 물로 깨끗이 씻습니다.

정사각형의 구멍을 냅니다.

우유팩 맨 위쪽의 정 중앙에 작은 구멍을 만듭니다.

그 구멍으로 줄을 넣어 매답니다.

새 모이나 곡식을 담습니다.

Vocabulary

1. Gravity

중력은 우리를 지구 중심으로 끌어당깁니다.

2. push

공을 던지려면 밀어야 합니다.

3. pull

친구를 일켜 주기 위해서는 당겨야 합니다.

4. weight

중력의 힘은 무게에 달려 있습니다.

Listening

A force is a push or pull on an object. When you throw or hit a ball, the ball begins to move. Every time you move, your body pushes and pulls, too. For example, when you help a friend to stand up you have to pull him up. You can also give a push to help move your friend on a swing.

힘이란 물체를 밀고 당기는 것을 말합니다. 공을 던지거나 치면 공은 움직이기 시작합니다. 당신이 움직일 때마다 당신의 몸 또한 밀고 당기는 것을 반복합니다. 예를 들어 친구를 일으켜 세우기 위해선 친구를 당겨야만 합니다. 친구가 탄 그네를 밀어주자면 이번엔 당신이 미는 힘을 주어야만 합니다.

문장을 듣고 맞는 답을 고르세요.

1. ① push or pull

물체를 움직이기 위해서 여러분은 밀고 당겨야 합니다.

2. ② force

힘이란 밀고 당기는 것입니다.

3. ③ push

공을 던질 땐 밀기가 필요합니다.

4. ① pull

동생을 일으켜 세우려면 잡아 당겨야 합니다.

5. ① pull

줄다리기를 할 때는 당기는 힘이 필요합니다.

Reading

중력이란 무엇인가요?

만약 당신이 공을 하늘 높이 던지면 그 공은 반드시 다시 땅으로 떨어지게 됩니다. 왜 그런 것일까요? 그것은 바로 지구의 중력이 공을 지구 중심으로 끌어당기기 때문입니다. 중력은 힘의 한 종류입니다. 중력은 물체를 지구 중심으로 끌어당깁니다. 그래서 위로 올라간 것은 반드시 땅으로 내려오기 마련입니다. 중력은 또한 당신이 지구 어디에 서 있던지 떨어지지 않고 잘 서 있도록 도와줍니다. 중력의 힘은 물체의 질량에 달려 있습니다. 물체의 질량이란 바로 무게를 말합니다.

문제를 읽고 맞는 답을 고르세요.

1. ③ Gravity
   무엇에 관한 내용입니까?
   중력

2. ② pull
   중력에는 어떤 종류의 힘이 있습니까?
   끌어당기는 힘

3. ① weight
   지구 중심으로 끌어당기는 힘의 양이란 무엇입니까?
   무게

4. ③ The ball goes up and fall down to the ground.
   공을 던진 후 어떻게 될까요?
   올라갔다 땅으로 떨어집니다.

5. ② The earth has a gravity.
   이글의 주요 내용은 무엇입니까?
   지구에는 중력이 있습니다.

Grammar

If... then ~ (present / Yes)
만약 … 하면 ~ 할게요.

맞는 답을 고르거나 쓰세요.

1. b) If the weather is nice, then we go for a walk.
   날씨가 좋으면 산책하러가요.

2. a) If it rain tomorrow, I can stay home.
   내일 비가 오면 집에 있어야 합니다.

3. b) If my brother eats all of the cookies, I will be angry.
   동생이 과자를 다 먹어치우면 전 화가날 거에요.

4. snows
   우리 내일 눈이 오면 눈사람 만들어요.

5. isn't
   집에 우유가 없다면 제가 슈퍼에 사러 가야합니다.

Writing

빈칸에 올바른 단어를 채우세요.

1. force

2. Gravity

3. pulls

4. stand

5. weight

힘이란 밀고 당기는 것입니다. 중력이란 힘의 한 종류입니다. 중력은 모든 것을 지구로 끌어당깁니다. 중력은 당신이 어디를 가든 지구 위에 서 있도록 도와줍니다. 중력의 힘은 사물의 무게에 의존합니다.

질문에 답하세요.

1. A force is a push or pull.
   힘이란 무엇입니까?
   힘이란 물체를 밀고 당기는 것입니다.

2. The gravity is a kind of a force that pulls down to the earth.
   중력이란 무엇입니까?
   중력은 지구 중심으로 끌어당기는 힘입니다.

3. That's because gravity pulls the things toward the earth's center.
   올라간 물체는 왜 내려오나요?
   중력이 지구 중심으로 물체를 끌어당기기 때문입니다.

Speaking

당기고 미는 힘에는 어떤 것들이 있는지 이야기해 보세요.

1. I can feel the push when I push the box.
   나는 상자를 밀 때 미는 힘을 느낍니다.

2. I can feel the push when I throw a ball.
   나는 공을 던질 때 미는 힘을 느낍니다.

3. I can feel the push when I push my friend on the swing.
   그네를 탄 친구를 밀 때 미는 힘을 느낍니다.

4. I can feel the push when I push my brother on the bicycle.
   자전거에 탄 내 동생을 밀 때 미는 힘을 느낍니다.

5. I can feel the pull when I hang down from horizontal bar.
   철봉에 매달릴 때 당기는 힘을 느낍니다.

6. I can feel the pull when I help a friend to stand up.
   친구를 일으켜 세울 때 당기는 힘을 느낍니다.

7. I can feel the pull when I do a tug-of war.
   줄다리기를 할 때 당기는 힘을 느낍니다.

Review

주어진 문장이 맞으면 YES에 동그라미하세요.
주어진 문장이 옳지 않으면 NO에 동그라미하세요.

1. YES

힘은 미는 힘을 가지고 있습니다.

2. YES

줄다리기 게임을 할 때는 당기는 힘이 필요합니다.

3. NO

중력은 물체를 밀어냅니다.

4. YES

무게란 중력에 영향을 미치는 물체의 질량입니다.

5. NO

중력 없이도 지구 위에서 설 수 있습니다.

Act it Out

1. 교실에 있는 사물 중 두 개를 고르세요.
2. 선택한 사물을 그리세요.
3. 어느 것이 먼저 떨어질 지 예상해보세요.
4. 직접 실험해 보세요.
5. 결과를 그림으로 그려보세요.
6. 어떤 일이 벌어졌는지 영어로 쓰세요.

Read each question and choose the best answer.

1 What is this story about?

① Marathon   ② Olympic Games
③ Olympic mascot   ④ Beijing Olympic

2 When was modern Olympic Games begun?

① 1896   ② 1990
③ 1994   ④ 1998

3 When did women take part in the games?

① 1896   ② 1990
③ 1994   ④ 1998

4 What color doesn't belong to Olympic symbol?

① red   ② blue
③ purple   ④ green

5 Who began the modern Olympic Games?

① Hercules   ② George Washington
③ Roman emperor   ④ Coubertin

Grammar

- big - bigger - the biggest

  The Olympic Games are one of the biggest sports events.

- small - smaller - the smallest

  I am the smallest one in my family.

Choose and write the best answer.

1 This is ________ city in the world.
   biggest / the biggest

2 This is ________ bridge in my town.
   the longest / longest

3 This is ________ tower in the world.
   the tallest / a tallest

4 It is ________

5 He is ________

Writing

Fill in the blank with the correct words.

The Olympic Games are the (1.   ) sports events in the world. The first (2.   ) Olympic Games opened in 1896. The Olympic Games are divided into summer and (3.   ) games. The games are held every (4.   ) years. People and athletes from all over the world get together to compete and celebrate (5.   ).

four	friendship	biggest	modern	winter

Answer the questions about Olympic Games. Use the given words to make a sentence.

1   When was the first modern Olympic Game opened?

2   Why are Olympic Games famous? *(friendship)*

3   Who was the founder of modern Olympic Games?

Speaking

Track **09**

Let's make questions.

1 Games / modern / Olympic / did / When / begin? / the

When did the modern Olympic Games begin?

They began in 1896.

2 modern / Who / games? / the / Olympic / started

It was a Frenchman named Pierre de Coubertin.

3 are / How / often / the / held? / games

The games are held every 4 years.

4 did / women / take / part / When / in / the / games?

They have taken part in the games since 1900.

5 motto? / the / What / is / Olympic ?

It is Citius, Altius, Fortius. That means 'Swifter, Higher, Stronger.'

Draw a circle around YES if the sentence is written correctly.
Draw a circle around No if the sentence is not written correctly.

1   The Olympic Games started in ancient France.   YES   NO

2   In ancient times, women were not allowed to attend the games.   YES   NO

3   The Olympic Games are the second biggest sport event.   YES   NO

4   The modern Olympic Games were started again in 1896.   YES   NO

5   In Olympic symbols, there are only 4 colors.   YES   NO

Act it Out

Make an Olympic Flag.

Let's draw 5 circles.

Color them blue, yellow, black, green and red.

미국의 국기, 성조기

미국은 여러 지역이 모여 한 나라를 이루고 있는 연방 국가입니다. 그래서 영어로 미국을 United States of America라고 합니다. 이러한 연방 국가들은 지방 정부와 연방 정부가 서로 견제하면서 나라를 이끌어 갑니다.

미국은 주 정부 50개, 특별 구 정부 1개(워싱턴 시), 준주 정부 4개(동사모아, 괌, 푸에르토리코, 버진 제도)로 이루어져 있습니다. 이들 지방 정부는 자신들만의 자체 법을 따로 가지고 있어서 주마다 법이 다른 경우가 있는 이유는 바로 이런 이류 때문입니다.

미국의 국기 성조기를 보면 별(stars)과 빨간 줄(red stripes)이 있습니다. 그래서 성조기를 영어로는 (Stars and Stripes)라고 부른답니다. 흰 바탕에 있는 빨간 줄은 13개로 이는 1776년 미국이 영국에서 독립할 당시의 13개 주를 상징하는 것이고 파란 바탕의 하얀색별은 모두 50개로 특별구와 준주 정부를 제외한 50개 주 정부를 의미하는 것입니다.

우리나라에 애국가가 있듯이 미국의 국가는 국기의 의미를 담은 Stars and Stripes are Forever (성조기여 영원 하라)입니다.

가장 감명 깊고 애국심이 우러나올 때가 올림픽 경기에서 자기 나라의 국기를 볼 때가 아닌가 합니다.

UNIT 4 Doctors

Vocabulary

1. Doctors help people stay ________________.

2. Doctors take care of ________________.

3. Doctors hear our ________________ with a stethoscope.

4. A ________________ measures our temperature.

5. Doctors examine your ear with an ________________.

Word Box

heartbeat

otoscope

healthy

patients

thermometer

Listening 🔘 Track **10**

Listen to the text and choose the best answer.

1 Groups of people live and work in a ________________.

① neighborhood
② country
③ community

2 ________________ take care of sick or injured people.

① Firefighters
② Doctors
③ Teachers

3 ________________ protect people in our community.

① Teachers
② Doctors
③ Police officers

4 ________________ help put out fires.

① Firefighters
② Nurses
③ Mail carrier

5 ________________ help us keep in touch.

① Firefighters
② Teachers
③ Mail carrier

Reading 🎧 Track **11**

Doctors

When you are sick and hurt, you go to the doctor. Doctors help people stay healthy. They examine us with special tools and give us medicine to get well. There are a lot of tools that doctors use. They use a stethoscope to listen to our heartbeat. An otoscope lets the doctors look inside your ears. A thermometer is used to measure our temperature. Today doctors use an X-ray machine to take pictures of our bones. They also tell us to get exercise and eat good food to take care of our bodies.

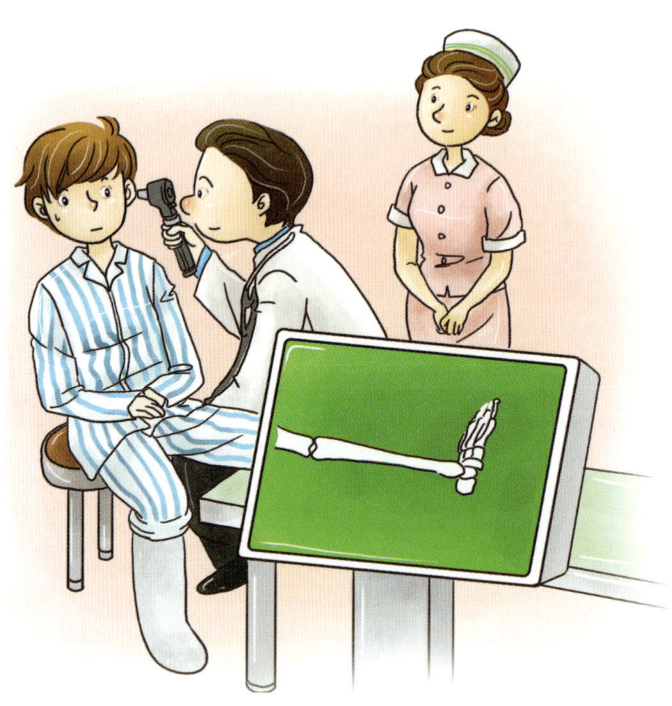

Read each question and choose the best answer.

1 What kind of community helpers do you need when you have a stomachache?

① teachers ② librarian
③ doctors ④ police officers

2 Which tool is not used to help doctors' job?

① stethoscopes ② otoscopes
③ X-ray machines ④ ropes

3 What do doctors hear with a stethoscope?

① hearts ② ears
③ throats ④ bones

4 Doctors do many things. Find out what doctors don't.

① They listen to children's hearts.
② They fix things inside our bodies.
③ They help put out the flames.
④ They teach us how to take care of our bodies.

5 Match doctor's tools to parts of body.

a stethoscope　·　　·　bones

an otoscope　·　　·　hearts and lungs

a thermometer　·　　·　ears

x-ray machine　·　　·　body's temperature

Grammar

- **give + a person + a thing**
  → give + a thing + **to** + a person

  Doctors give us medicine.
  → Doctors give medicine **to** us.

Choose or write the best answer.

1 a) My friend gave me a movie ticket.

b) My friend gave a movie ticket me.

2 a) He gave a birthday card his friend.

b) He gave his friend a birthday card.

3 a) My mother will give to me some candies.

b) My mother will give me some candies.

4 (gives / she / some / chocolate / me)

....

Writing

Fill in the blank with the correct words.

Doctors have an important role in our (1.   ). They help us keep
(2.   ). Doctors take care of their (3.   ). First, they
examine patients with special (4.   ). Then they give them
(5.   ) when they need it. Patients usually have lots of questions.
When they ask, doctors try to answer everything.

patients	healthy	medicine	tools	community

Answer the questions about the doctors.

1   Where do doctors work?

....

2   What kinds of tools do they use?

....

3   Who do they work with?

....

Speaking
Track 12

Complete the conversation.

A: Who are community helpers?

B: Doctors, firefighters and teachers are community helpers.

A: Who do you need when you are sick?

B: I need doctors.

A: Where do doctors work?

B: They ___________________________.

A: When doctors hear your heart, what do they use?

B: They ___________________________.

A: Who do doctors work with?

B: They ___________________________.

Draw a circle around YES if the sentence is written correctly.
Draw a circle around No if the sentence is not written correctly.

1 Doctors are community workers. YES NO

2 Doctors help put out a fire. YES NO

3 A stethoscope is used to look inside of a patient's ears. YES NO

4 Doctors work with nurses. YES NO

5 X-ray machines are to listen to heartbeats. YES NO

Role Plays

1. Take a role : One is a doctor.
   The other is a patient.

2. Practice the script with your partner.

3. Do role play.

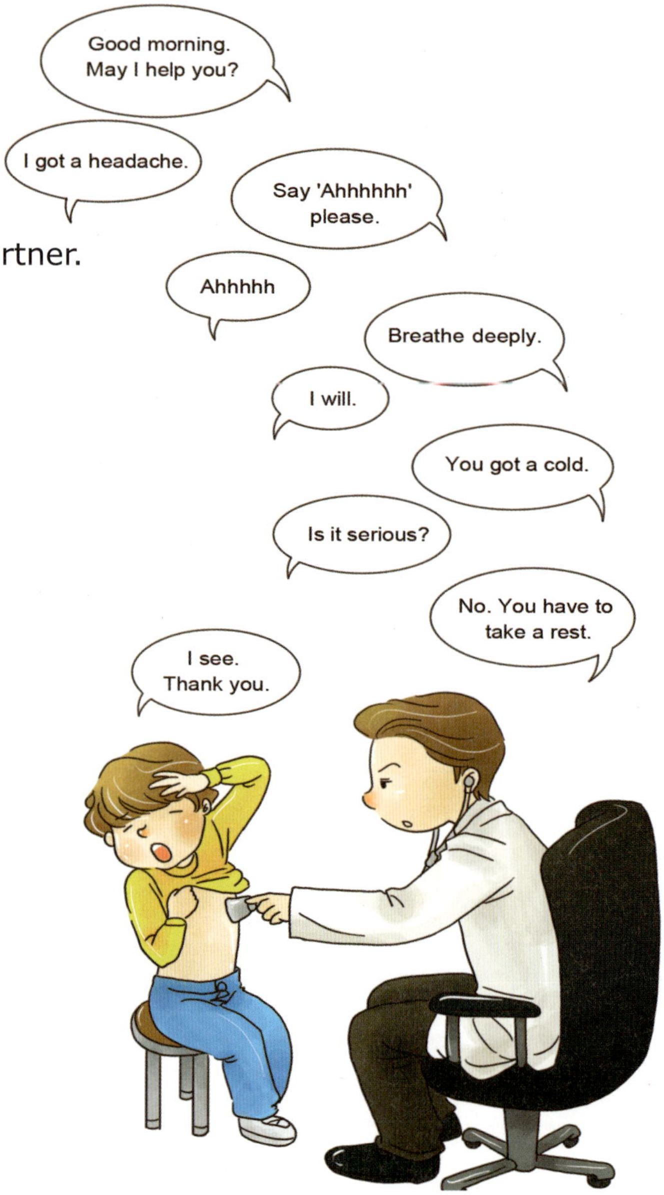

화상응급처치

데었을 때 응급 처치, 어떻게 할까요?

뜨거운 물이나 물체에 데는 경우가 자주 발생합니다. 또한 전기나 화학 용품에도 화상을 입을 수 있습니다. 화상에는 등급이 있어서 1도 화상의 경우 응급처치만으로도 상태를 많이 호전시킬 수 있습니다. 그러나 2도 3도의 화상은 빨리 병원 치료를 받는 것이 좋습니다.

1도 화상의 경우 응급처치 법

1. 화상 부위를 흐르는 찬물에 갖다 대어 화기를 뺍니다.

2. 화상당한 부위를 깨끗한 지퍼 백을 이용해 보호 합니다. 화상 부위가 외부와 닿으면 2차 감염이 발생할 수 있습니다. 절대로 간장, 된장, 버터 등을 화상 부위에 발라서는 안 됩니다. 간혹 민간요법이라고 해서 이러한 처방을 하는 경우가 있는데 이것은 2차 감염을 유발할 수 있는 위험한 행동입니다.

3. 상태 확인을 위해 병원으로 가서 의사의 치료를 받습니다.

UNIT 5 Good to Eat

 **Vocabulary**

1. Schools want _______________ food in their lunch menus.

2. Kids like to eat _______________.

3. Butter, ice-cream and cheese are _______________ food.

4. They make children _______________.

Word Box

junk food

fatty

healthy

overweight

Listening Track 13

Listen to the text and choose the best answer.

1 This story is about ________________.

① school in U.S.
② health and life
③ food and children

2 What did schools in U.S. find out?

① Children are eating too much.
② Children like wrong food.
③ Children do not like to eat fast food.

3 What kinds of foods make children overweight?

① Chocolate
② Fruit and vegetables
③ Bread

4 What is the big problem?

① Schools have no fast food.
② Doctors do not understand why the children eat fast food.
③ Children want to eat bad food everyday.

5 Parents are worried about their children's ________________.

① grade
② health
③ future

Reading

Track **14**

Good to Eat

It is not difficult to find apples and carrots in school cafeterias. Healthy foods have replaced potato chips and brownies on lunch trays. Schools in U.S. made tougher rules about school food. Fast food, candy, and food with salt, sugar and fat will not be allowed. Children are just getting bigger and bigger. They know which foods are healthy. However, the big problem is what they want to eat. They still love junk. Some experts say that what children eat now will affect their lifetime eating habits. Doctors are also worried about serious health problem in children. Sometimes children can eat their favorite foods. But they need to learn to choose the right foods. Eating right helps them stay healthy now and in the future.

Read each question and choose the best answer.

1 What is the story about?

① School rules about students   ② School rules about teachers

③ School rules about lunch food   ④ School rules about table manners

2 What are healthy food?

① Potato chips   ② cup cakes

③ Pizza   ④ vegetable salads

3 What is the problem according to the article?

① Children are overweight

② Foods are not fresh.

③ Schools do not serve good foods

④ Children's eating habit can not be changed easily.

4 What do schools want to teach their students?

① School subjects.   ② The way of choosing food wisely.

③ School rules   ④ Bad food for health.

5 Choose the sentence that tells the way of eating smarter.

① Never eat fast food.

② Eat quickly.

③ Eat fruit or vegetables at every meal.

④ Eat bread every morning.

Grammar

be worried about

- Doctors are also worried about serious health problem of the children.
- He's worried about his math test.

Choose or write the best answer.

1 I [am worried / worried] about his health.

2 He is [worrying about / worried] the result of the test.

3 She has something to [worry about. / worry.]

4 She ______________ his illness.

# Writing

Fill in the blank with the correct words.

Schools want (1. _____________) foods on their lunch menus. They do not allow
(2. _____________) foods like candies, chips and fast food. Those foods are very
harmful for children. They make children (3. _____________). Teachers and
parents should help their children (4. _____________) food wisely. Building good
eating habits will reduce health (5. _____________) in their future life.

choose	junk	overweight	problems	healthy

Answer the questions about the food. Use the given words to make a sentence.

1 What are junk foods?

....

2 What are healthy foods?

....

3 Why are children getting bigger and bigger? *(exercise / junk food)*

....

Speaking Track 15

Let's talk about the foods.

1 Recently schools in the U.S. have found a very important thing. What is it?

2 Why did American schools change their lunch menus?

3 Students know which foods are good for their health. What is the problem then?

4 What do school teachers need to teach about food?

Draw a circle around YES if the sentence is written correctly.
Draw a circle around No if the sentence is not written correctly.

1 Schools in Korea have tougher rules about lunch menus.　　YES　　NO

2 Students in U.S. are not allowed to eat chips and candies for lunch.　　YES　　NO

YES　　NO

3 Junk foods are good for health.

4 Eating bad foods cause serious health problem.　　YES　　NO

5 Learning to choose right foods is necessary for children.　　YES　　NO

Act it Out

Answer 5 questions about good and bad food.

Interactive Food Quiz

Good and Bad Foods

1. Is sugar a 'bad' food?

   ☐ It's not always bad food.
   ☐ It's fine when you eat it in small amounts
   ☐ It's always bad.

2. Junk food is good for you?

   ____

3. Write two names of junk foods.

   ____

4. What's the best food you can eat? Choose three of them.

   ☐ Vegetables

   ☐ Fresh fruit

   ☐ Red meat

   ☐ Oily fish

   ☐ Fried chips

   ☐ Burgers

5. Write the name of three good foods.

   ____

세계의 식사법

- **중국** : 중국 사람들은 한 식탁에 여러 명이 둘러앉아서 순차적으로 나오는 음식들을 함께 떠먹는 방식으로 처음부터 모든 음식들을 상에 차려놓고 먹는 우리나라의 식사법과는 다릅니다. 식사 시에는 젓가락을 사용하고 밥은 사발에 담아 먹고 작은 찻잔에 차를 담아 마십니다.

- **일본** : 전통적인 일본 식사예절은 낮은 식탁 앞에 방석을 깔고 무릎을 꿇고 식사하는 것입니다. 일본에서는 대나무로 만든 젓가락을 사용하고 손에 쥐는 쪽이 아래쪽보다 굵습니다. 식사 도중 젓가락을 내려놓을 때 쓰는 젓가락 받침대도 사용합니다. 밥공기는 주로 왼손에 들고 먹는 것이 예절바른 식사법입니다. 국을 먹을 때도 역시 들고 먹는데 숟가락은 사용하지 않습니다.

- **인도** : 쌀밥을 바나나 잎사귀에 담은 다음 종교적으로 깨끗하다고 여기는 오른손을 사용해 밥을 뭉쳐 소스에 찍어서 먹습니다. 우리가 잘 알고 있는 카레는 정작 인도에는 없답니다. 건더기라는 뜻의 카레는 건더기가 들어간 인도 음식 마실라를 보고 서양인들이 무엇이냐고 묻자 커리라고 대답한 것에서 유래되었을 것이라고 추정됩니다.

- **고대 로마시대** : 옛 영화에서 본 것처럼 오래전 그리스나 로마인들은 누워서 잔치를 즐기곤 했습니다. 기다란 나무 의자에 한쪽 팔꿈치를 괴고 누운 채 다른 한 손으로 음식을 집어 들어 먹었다고 합니다.

UNIT 6 India

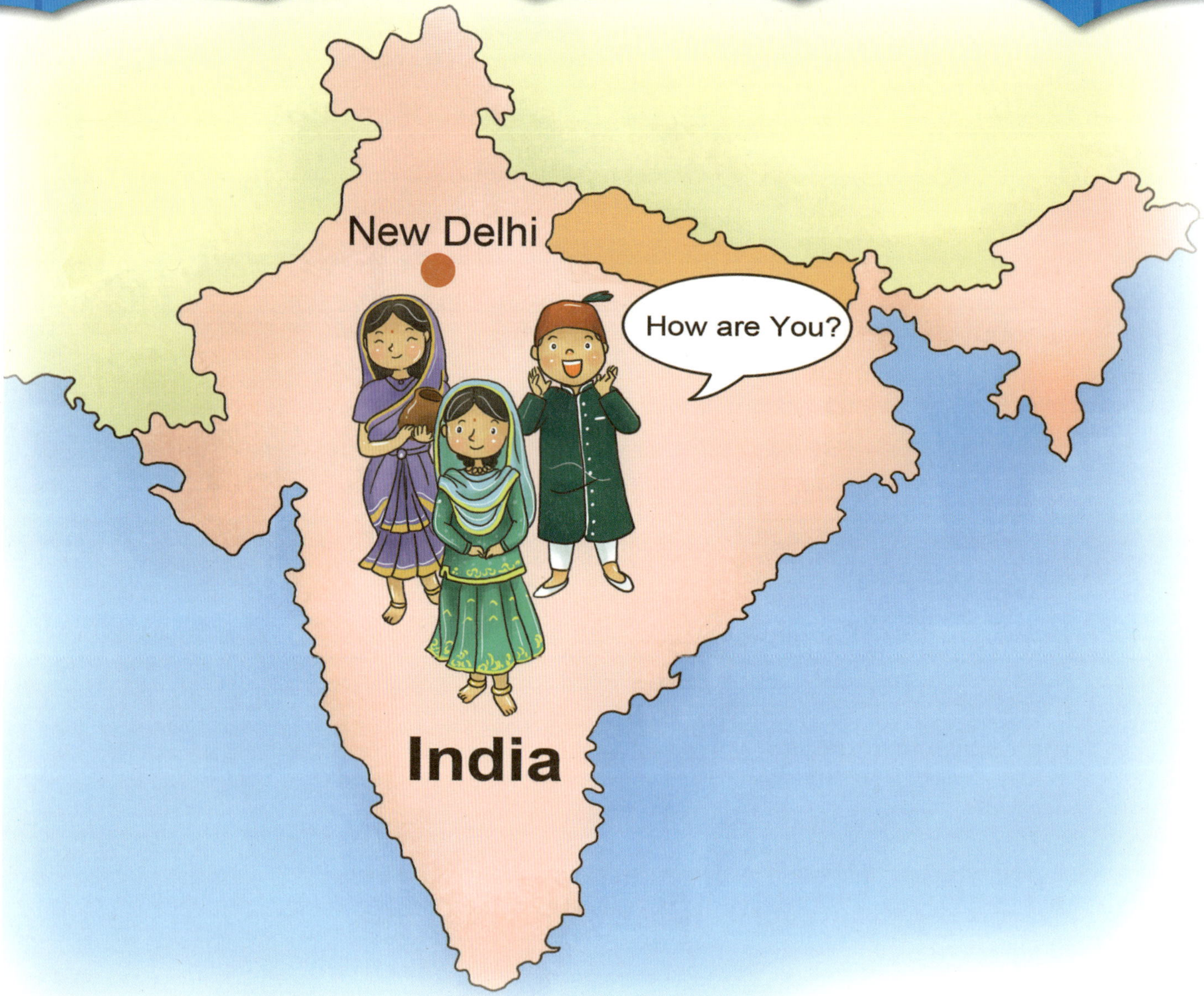

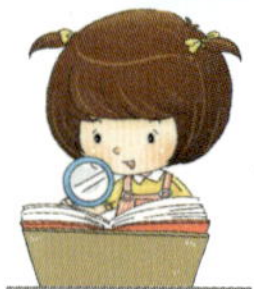

Vocabulary

1. India has a great ________________.
2. The ________________ of India is New Delhi.
3. India is famous for the ________________ called Diwali.
4. They put candles on the ________________.
5. They play fireworks to ________________.

Word Box

celebrate
festival
population
capital
windowsill

Listening   Track 16

Listen to the text and choose the best answer.

1   This story is about ________________.

   ① Pakistan
   ② India
   ③ China

2   India is the ________________ largest country in the world.

   ① fifth
   ② sixth
   ③ seventh

3   The capital of India is ________________.

   ① Bombay
   ② New York
   ③ New Delhi

4   India is located in ________________.

   ① East Asia
   ② South Asia
   ③ North Asia

5   ________________ is the very important language in India.

   ① English
   ② French
   ③ Chinese

Vacation Postcard from India

Hi, Anne!

India is terrific! I'm having a great time in Jaipur with my family. People in Jaipur are very excited because of Diwali. Diwali is the most famous Indian festival. During this festival, people clean their houses and send cards with happy messages. They also decorate their rooms with bright flowers. This is because they think Laksmi, the Hindu goddess, likes flowers. Candles are placed in small bowls. People put them on every windowsill. Can you imagine the candles in every window of every building? Tomorrow I'll go shopping and enjoy the fireworks.

Love, Lily.

Read each question and choose the best answer.

1 What kind of genre is it?

① fairy tales   ② essay

③ letter   ④ biography

2 Who wrote the postcard?

① Anne   ② Lily

③ Anne's family   ④ Lily's friend

3 What is the Diwali?

① name of city in India   ② name of goddess

③ festival in India   ④ famous building in India

4 Choose the activity that people don't do during Diwali.

① They clean their houses.

② They do not eat at all.

③ They put flowers in their rooms.

④ They put candles on the windowsills.

5 What is the main idea about the letter?

① India   ② People in Jaipur

③ Diwali   ④ Shopping in India

Grammar

---

because vs because of

- because + (subject + verb)
  This is because they think Laksmi, the Hindu goddess, likes flowers.
- because of + noun
  People in Jaipur are very exciting because of Diwali.

Choose the best answer.

1 We stopped playing soccer because / because of the rain.

2 I was absent because / because of I was sick.

3 We moved to Pusan because / because of dad's job.

4 I am late because / because of my brother.

5 I can eat because / because of I have a sore throat.

Writing

Fill in the blank with the correct words.

India is one of the (1.   ) countries in the world. The most important
language is (2.   ). India is famous for the (3.   )
called Diwali. During this festival, people clean and (4.   )
their houses with flowers. They put candles on the windowsill and set-off
(5.   ) to celebrate.

fireworks	English	largest	decorate	festival

Answer the questions about India and Diwali. Use the given words to make a sentence.

1   Where is India located in? *(Pakistan / China)*

....

2   What is Diwali? *(festival)*

....

3   Why do they put flowers in their rooms? *(Laksmi)*

....

Speaking Track **18**

Let's talk about the activities people in India do during Diwali.

What does your family do during Diwali?

My father
....
....

My mother
....
....

I
....
....

My brother
....
....

**Draw a circle around YES if the sentence is written correctly.
Draw a circle around No if the sentence is not written correctly.**

1 India is in North Asia.   YES   NO

2 The capital city of India is Jaipur.   YES   NO

3 When you travel to India, you can use English.   YES   NO

4 Diwali is the famous festival in India.   YES   NO

5 People in India decorate their rooms with leaves   YES   NO
   during Diwali.

Color a Rangoli Pattern

Rangoli is one of the arts in India. It is a traditional way to decorate Indian houses. The powder of white stone, lime, rice flour and other cheap paste is used to draw patterns.

1. Color the flowers.

2. Cut out the flowers.

3. Decorate wall with flowers.

인도의 카스트 제도

카스트제도란 주로 인도의 신분계층을 일컫는 말로 이러한 신분제도는 세계의 수많은 전근대 사회에서 그 모습을 찾아 볼 수 있다. 현재 인도에는 아직도 카스트제의 모습이 남아 있고 이는 인도 사회의 문화를 형성하고 있다.

인도의 카스트제는 4개의 계층으로 형성되는데 브라만, 크샤트리아, 바이샤, 그리고 수드라로 구분되어진다.

브라만은 성직자나 학자 출신으로 구성되며 이들은 교육과 종교에 봉사하고 있다. 왕이나 귀족 계급인 크샤트리아는 국가를 통치하는 일과 사회의 안보를 담당한다.

농민, 상인 등 수공업자들로 구성된 바이샤 계급은 주로 생산 활동과 관련 있는 일을 하며, 그리고 오랜 역사상 피정복민으로 구성된 가장 하층 계급인 수드라가 있다.

이러한 계급은 힌두교의 전설에서 기인했다고 보는데 시바신이 인간을 낳았는데 브라만은 신의 머리에서, 크샤트리아는 가슴에서, 바이샤는 신의 배에서 그리고 맨 하층 계급인 수드라는 신의 발에서 낳았다는 것이다.

이 4계층 말고도 아예 인간으로 취급도 당하지 못하는 천민 계급인 파리아 라는 계층이 있는데 이는 시바신이 할 일을 다 마친 후 똥을 누었는데 이게 바로 파리아라는 계층이다.

인도의 이러한 신분제도는 대대로 세습되는 것이며 다른 카스트 사람과는 결혼도 할 수 없다고 한다.

UNIT 7 The Life Cycle of a Pine Tree

Vocabulary

1. _______________ are the pine trees leaves.

2. Pine trees have cones _______________ flowers.

3. The woody parts of cones are _______________.

4. In fall, cones fall of the _______________.

5. The seeds will _______________ and be seedings.

Word Box

sprout

branches

scales

needles

instead of

Listening  Track **19**

Listen to the text and choose the best answer.

1 Pine trees have _______________, not flowers.

① branches
② cones
③ soils

2 _______________ are the leaves of pine trees.

① Cones
② Branches
③ Needles

3 The seeds grow inside _______________.

① needles
② acid soil
③ pine cones

4 _______________, pine cones fall of the branches.

① In spring
② In summer
③ In fall

The Life Cycle of a Pine Tree

Pine trees are popular all over the world. Pine trees have cones instead of flowers. Cones are brown and grow on branches. The woody parts of cones are scales. The seeds of an adult pine tree can be found inside of these scales. In fall, the pine cones grow larger and finally, when the seeds are ripe, the cones fall to the ground. The seeds are moved to new places by wind and animals. Some of them will sprout and they will be young plants or seedlings. Seedlings will grow and grow and finally one day they will be adult pine trees.

Read each question and choose the best answer.

1 What is the story about?

① Palm trees　　　　　　　② Pine trees
③ Trees and people　　　　④ Cones of trees

2 What do people name the woody parts of cones?

① flowers　　　　　　　② needles
③ scales　　　　　　　　④ seeds

3 Where do seeds grow?

① inside of flowers　　　　② onto the needles
③ no seeds can be found　　④ inside of cones

4 After the cones fall to the ground, what will happen?

① Every cones will die
② The seeds will turn into brown.
③ Some of the seeds will be seedlings.
④ Nothing happen.

5 What is the main idea of the story?

① Pine trees are good to see.
② We have to plant pine trees every year.
③ Pine trees do not have flowers.
④ There is a life cycle of a pine tree.

Grammar

<table>
<tr><td colspan="3">Active form</td><td colspan="3">Passive form</td></tr>
<tr><td>subject
doing action</td><td>verb</td><td>object
receiving action</td><td>subject
receiving action</td><td>passive verb</td><td>object
doing action</td></tr>
<tr><td>My mother</td><td>washes</td><td>the dishes.</td><td>The dishes</td><td>are washed</td><td>by my mother.</td></tr>
<tr><td>I</td><td>wrote</td><td>this book.</td><td>This book</td><td>was written</td><td>by me.</td></tr>
</table>

- Wind and animals move the seeds to new places.
  → The seeds are moved to new places by wind and animals.

Change to the passive form.

1 My father repairs my car.

....

2 My mother made a wonderful dinner tonight.

....

3 Someone takes this seat.

....

4 One of my friends gave it to me.

....

5 Someone wrote the letter.

....

Writing

Fill in the blank with the correct words.

Pine trees can be (1.   ) all over the world. They have brown cones
and cones are (2.   ) on their branches. An adult pine tree
(3.   ) seeds. The seeds grow (4.   ) the cones.
During the summer pine cones (5.   ). Pine cones grow larger and
(6.   ) to the ground in fall.

found	inside	appear	makes	fall	grown

Answer the questions about the pine tree. Use the given words to make a sentence.

1 Where can you see pine trees?

....

2 What different parts do they have?

....

3 What will happen to the seeds after the cones fall to the ground?
(wind and animals /sprout / seedlings)

....

Speaking  Track 21

Let's talk about the pine trees.

Do you see flowers of pine trees?

Do you know where seeds grow?

What helps seeds move to new places?

Draw a circle around YES if the sentence is written correctly.
Draw a circle around No if the sentence is not written correctly.

1 Pine trees are not easily seen in the world.   YES   NO

2 Pine trees do not have flowers.   YES   NO

3 The seeds of a pine tree is in its cone.   YES   NO

4 When the cones turn into red, they fall to the   YES   NO
    ground.

5 Wind is the only one that moves some of the   YES   NO
    seeds to new places.

Act it Out

Make a life cycle of a pine tree chart.

Draw a pine tree.

Tell the class about the pine tree. When you speak, you can use following words.

This is a pine tree.

It has needles and cones.

Cones

The seeds

In

In fall

커피나무

우리 생활에서 빼 놓을 수 없는 음료중의 하나가 커피입니다. 성인들의 경우 평균 하루 3잔 정도는 마시게 되는데 커피는 100% 수입품입니다. 오늘날 커피의 주 생산국으로는 브라질, 콜롬비아, 인도네시아, 에티오피아 등이며 이 중 브라질이 전체 생산국의 반 정도의 커피를 생산합니다.

커피나무는 반짝이는 잎을 가진 작은 나무입니다. 약 3년 정도 자라야 열매를 갖게 되는데 그 후 40년 동안은 열매를 생산하게 됩니다.

커피 원두는 커피 열매의 씨를 말하는데 커피 원두는 너무 작아서 집기가 여간 해선 쉽지 않습니다. 커피 원두를 모으는 데는 기계를 사용하지 않고 사람들이 직접 손으로 해야 하는데 숙련된 일꾼의 경우 하루에 약 40파운드 정도의 커피 원두를 집는다고 합니다.

아주 오래된 커피 재배 방식은 큰 나무 아래 커피나무를 심는 것이라고 합니다. 그러면 큰 나무가 뜨거운 태양을 막아 줄 수 있어 커피나무가 잘 자랄 수 있답니다. 뿐만 아니라 큰 나무엔 많은 새들이 날아들고 이로 인해 자연적인 비료까지 얻을 수 있어 자연적이면서도 최상품의 커피를 생산할 수 있답니다.

UNIT 8 The Three Rs

Vocabulary

1. The earth is running out of ________________.

2. The three Rs ______________ reduce, reuse and recycle.

3. Reduce means to use less and make less ______________.

4. ______________ means to use things more than once.

Word Box

means

resources

trash

Reuse

82

Listening  Track **22**

Listen to the text and choose the best answer.

1 The earth has _______________ that people can live.

   ① gravity and energy
   ② money
   ③ natural resources

2 _______________ is one of the renewable resources.

   ① Soil
   ② Water
   ③ Minerals

3 _______________ can be replaced quickly.

   ① Oil
   ② Soil
   ③ Wind

4 Materials that can be replaced quickly is called _______________.

   ① natural resources
   ② renewable resources
   ③ nonrenewable resources

5 What kinds of resources can be taken lots of time to be replaced?

   ① air and water
   ② oil and minerals
   ③ water

The Three Rs

Every year our earth is running out of resources. The earth needs your help. It is time to remember three Rs to save resources: reduce, reuse, and recycle.

Reduce

Reduce means to use less and make less trash. For example, you can use your two hands to carry home cucumbers from the supermarket instead of plastic bags. You can also save water by turning off the faucet while you brush your teeth.

Reuse

Reuse means to use things more than once. Things can be reused in your house, instead of throwing them away. You can use all writing paper on both sides. You can bring old clothes, toys and furniture to friends or neighbors.

Recycle

Things we use every day, like paper bags, cans, and milk cartons, can be recycled. For example, after drawing pictures on the paper, you can throw the paper into a recycling bin.

Read each question and choose the best answer.

1 What is the story about?

① The shape of earth
② The earth's resources
③ How to help our earth
④ How to live in the earth

2 The three Rs means...

① reduce, refine, and replace
② reduce, reuse, and recycle
③ return, risk, and reality
④ renew, restore, and reuse

3 Which sentence is talking about 'reduce'?

① It's better to buy bigger containers of food if possible.
② You can use old tire on the sledding hill.
③ My mother throws broken glass into the recycling bin.
④ My father walks to work instead of driving his car.

4 Which sentence is talking about 'reuse'?

① Turn off the faucet while you brush your teeth.
② Wind blows the seeds to the new places.
③ You can use toilet rolls to make to make arts and craft.
④ Use plastic bags to put things in.

5 Which sentence is talking about 'recycle'?

① Save your plastic bags for next time shopping.
② Make more foods at home instead of buying take away.
③ You can throw the paper, plastic and glass into the right recycling bins.
④ Reform your cloth for your daughter.

Grammar

instead of + noun

- You can use two hands to carry home cucumbers instead of plastic bags.
- Pine trees have cones instead of flowers.

instead of + verb-ing

- I can reuse the paper instead of throwing it away.
- I will clean my room instead of cleaning the kitchen.

Choose the best answer.

1. a) I chose the apple instead of the pear.

   b) I chose the pear instead of the apple.

2. a) My sister bought a red sweater instead of a blue one.

   b) My sister bought a blue sweater instead of a red one.

3. a) I decided watching TV instead of playing soccer.

   b) I decided playing soccer instead of watching TV.

Writing

Fill in the blank with the correct words.

In the earth there are (1.   ) resources. People use them everyday.
To make a better place, there are (2.   ) important ways to save our
planet. (3.   ) means consuming and throwing away less.
(4.   ) is to use something again. We use things every day. Paper,
cans and plastic bottles can be (5.   ) by putting them into a
recycling bin.

| three | recycled | natural | reduce | reuse |

Answer the questions about the three Rs.

1 What are some of natural resources?

....

2 What are the three great ways to save our earth?

....

3 Write the one idea to reuse paper.

....

Speaking Track 24

Let's talk about three Rs.

> (a) Reuse means that you can use things more than once.
> (b) Yes. It means you are reducing.
> (c) Air, water, oil and minerals are natural resources.
> (d) The three Rs mean reduce, reuse, and recycle.
> (e) That's because it is the way to help our earth.

1 What kinds of natural resources do you know? __(c)__

2 What do the three Rs stand for? ______

3 If you turn off the faucet while you brush your teeth, does it mean you are reducing? ______

4 What is Reuse? ______

5 Why do you think the three Rs are important? ______

**Draw a circle around YES if the sentence is written correctly.
Draw a circle around No if the sentence is not written correctly.**

1   Natural resources are not useful materials that people   YES   NO
need to live.

2   Renewable resources can be replaced very quickly.   YES   NO

3   Reduce means to use things again.   YES   NO

4   Sharing toys is the one way of reusing things.   YES   NO

5   Milk cartons and newspaper can not be recycled.   YES   NO

Make a Bird Feeder

We need milk carton, scissors, birdseeds and a string.

Wash your milk carton.

Cut a square hole out of the milk carton.

Make a small hole at the top center and attach a string to hang it.

Add some bird seeds or grains.

나폴레옹과 깡통

우리 주변에는 깡통 제품들이 참 많이 있습니다. 콜라, 커피, 맥주 같은 음료수에서 꽁치, 참치 통조림까지 여러 제품에서 깡통이 사용되고 있습니다.

이런 깡통은 언제 누구에 의해서 만들어진 것일까요?

깡통은 식품을 오래 보관하기 위한 용도로 만들어졌습니다. 하지만 이러한 통조림이 나오기 전에는 병에 음식을 담는 병조림을 먼저 사용했었습니다. 그러나 병조림은 깨지기 쉽다는 단점과 들고 다니기에 무겁고 또 오래 동안 음식을 보관할 수 없어 병조림에서 깡통을 사용하는 통조림으로 진화한 것입니다.

하지만 이러한 병조림의 사용은 인류의 식생활 개선에 큰 영향을 미쳤는데 이는 나폴레옹 시대에서 처음 사용된 것으로 추정됩니다. 오랜 전쟁을 치러야 했던 나폴레옹의 군대에게 식품 저장에 대한 문제는 심각한 문제였습니다. 전쟁터로 음식을 나르는 동안 음식이 상해버리기 일쑤였습니다. 어떻게 하면 음식을 오래 보관 할 수 있을까를 고민하던 나폴레옹에게 에페르라는 이름의 프랑스인이 유리병에 음식을 담고 뚜껑을 양초로 밀봉하는 방법을 생각해 내어 알려주었습니다. 이 유리 밀봉은 나폴레옹 군대에게 큰 힘이 되었고 이는 후의 영국인인 듀란스라는 사람에 의해 깡통(can)으로 발전하게 된 것입니다.

UNIT 9 Gravity

Vocabulary

1. ________________ pulls us toward the earth's center.

2. You need a ________________ when you throw a ball.

3. You have to ________________ your friend to help him up.

4. The force of gravity depends on the ________________.

Word Box

weight

Gravity

push

pull

Listening Track 25

Listen to the text and choose the best answer.

1 You have to use a ________________ to move things.

① push or pull
② wind or air
③ water or hit

2 A ________________ is a push or pull.

① gravity
② force
③ power

3 You need a ________________ when you throw a ball.

① pull
② gravity
③ push

4 When you help your brother stand up, you have to use a ________________.

① pull
② gravity
③ push

5 When you are playing a game of tug of war, you need to use a
________________.

① pull
② push and pull
③ push

What Is Gravity?

If you throw a ball high up in the air, then the ball must fall to the ground. Why is that? That's because the earth's gravity pulls the ball toward the earth's center. Gravity is a kind of force. It pulls things towards the center of the earth. Everything that goes up must come down to the ground. Gravity also helps you not to fall off no matter where you stand on the earth's surface. The force of gravity depends on the amount of an object. The amount is called weight.

Read each question and choose the best answer.

1 What is the story about?

① Force ② Earth's mass
③ Gravity ④ Push and pull

2 What kind of force does the gravity have?

① push ② pull
③ push and pull ④ none

3 What is the amount of force that pulls down to the center of the earth?

① weight ② fraction
③ energy ④ direction

4 If you throw a ball what will happen to the ball?

① The ball flies high.
② The ball doesn't go up and fall to the ground right away.
③ The ball goes up and fall down to the ground.
④ Nothing happen.

5 What is the main idea of the story?

① The ball goes up must fall down.
② The earth has a gravity.
③ We can no live without gravity.
④ Gravity helps to pick apples.

Grammar

> **If ..... then**
>
> - **If** you **throw** a ball high up in the air, **then** the ball **must fall** to the ground.
> - **If** I **find** it, **then** I**'ll call** you.

Choose or write the answer.

1 a) If the weather was nice, then we go for a walk.

    b) If the weather is nice, then we go for a walk.

2 a) If it rain tomorrow, I can stay home.

    b) If it will rain tomorrow, I can stay home.

3 a) If my brother ate all of the cookies, I would be angry.

    b) If my brother eats all of the cookies, I will be angry.

4 If it _________________ tomorrow, we can make a snowman.

5 If there _________________ milk at home, then I'll go to supermarket.

 **Writing**

Fill in the blank with the correct words.

A (1.   ) is a push or pull. (2.   ) is a kind of force.
It (3.   ) down on everything on earth. Gravity helps you
(4.   ) on the earth wherever you travel. The force of gravity
depends on the (5.   ) of objects.

Gravity	stand	pulls	weight	force

Answer the questions about the force and gravity.

1 What is a force?

2 What is the gravity?

3 Why do things go down that go up?

Speaking Track 27

Let's talk about some ways you feel the pushes or pulls.

throw the ball	do a tug-of war	push the box
push my friend on the swing	help a friend to stand up	
hang down from horizontal bar	push my brother on the bicycle	

1. I can feel the __push__ when I __push the box__________________________.

2. I can feel the ______ when I ___________________________________.

3. I can feel the ______ when I ___________________________________.

4. I can feel the ______ when I ___________________________________.

5. I can feel the ______ when I ___________________________________.

6. I can feel the ______ when I ___________________________________.

7. I can feel the ______ when I ___________________________________.

Draw a circle around YES if the sentence is written correctly.
Draw a circle around No if the sentence is not written correctly.

1   A force has a push.   YES   NO

2   When you play a game of tug of war, you need to use a pull.   YES   NO

3   Gravity push things away.   YES   NO

4   The weight is the amount of an object that affects to gravity.   YES   NO

5   We can stand on the earth without gravity.   YES   NO

Act it Out

1. Choose two classroom objects.

2. Draw the objects you chose.

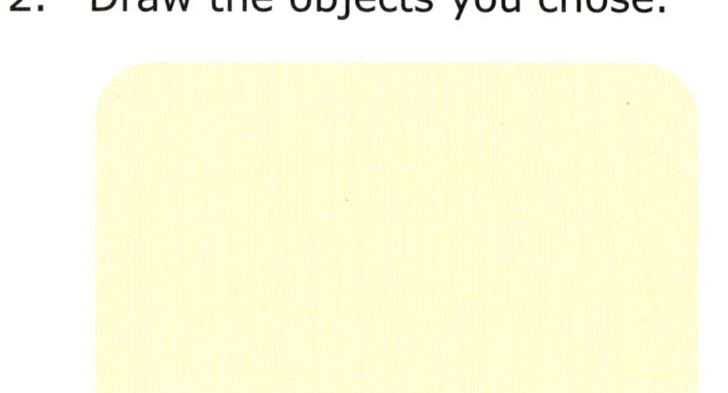

3. Guess which object will hit the ground first.

____

____

4. Let's explore.

5. What happened? Draw the result.

6. Write what happened.

____

____

Magnetism

주변을 돌아보고 자석 물질을 찾아보세요. 아마 3개 이상은 거뜬히 찾아 낼 수 있을 만큼 오늘날 자석은 우리 생활에서 매우 친숙하게 볼 수 있습니다. 그럼 자석을 이용한 것들은 어떤 것들이 있는지 살펴볼까요?

나침반은 가장 최초로 자성을 이용한 물체입니다. 작은 바늘이 북극의 위치를 알려주어 모험가들에게는 꼭 필요한 것입니다.

자석은 또한 정보를 부호화하는데도 쓰이는데 카세트테이프, 비디오테이프, 컴퓨터 디스크, 신용카드 등에도 사용됩니다.

사람의 몸 안을 들여다보는데 쓰는 MRI라는 의료 기기에도 매우 강력한 자석이 사용됩니다. 이때의 자성은 몸 안의 원자들이 같은 방향으로 돌게 하는데 사용합니다.

Bansok Books

영어수업이 즐거워지는
메이킷 교실영어

영어수업을 하기 위해 반드시 필요한 기본 표현들과 대화들을 상황별로 엮었으며, 언어의 4개 영역(듣기, 말하기, 읽기, 쓰기)을 골고루 다루고 있습니다.

이수영&줄리 톨스마 지음 | 215쪽 | 크라운변형판 | 정가 12,000원 (mp3 CD 포함)

My First Thesaurus
팝콘 영어

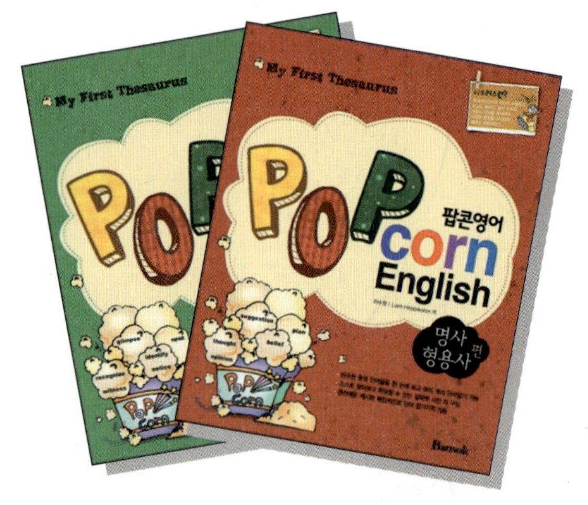

시소러스는 관련어(關聯語)를 엮은 것으로 동의어사전을 말합니다. 특정 단어의 가장 유사하거나 직접적인 동의어를 알 수 있게 하고, 그 용어를 항목(알파벳순으로 정리)별로 묶은 사전입니다. 이 책은 전2권으로 만들어졌습니다.

이수영, 리암 헤플스톤 저 | 208쪽(1권) / 192쪽(2권) | 4*6배변형판 | 정가 9,800원(CD포함)